用全脑思考做企划

日本"经营之神"神田昌典 著

邓琳萍 及越 译

四川科学技术出版社

图书在版编目（CIP）数据

用全脑思考做企划 / (日) 神田昌典著；邓琳萍，
及越译. — 成都：四川科学技术出版社，2019.2
ISBN 978-7-5364-9363-6

Ⅰ.①用… Ⅱ.①神… ②邓… ③及… Ⅲ.①企业管
理－经营决策 Ⅳ.①F272.31

中国版本图书馆CIP数据核字(2019)第018933号

原书名：全脑思考
Zennou shikou © 2009 by Masanori Kanda
Original Japanese edition published in 2009 by DIAMOND, Inc.
Simplified Chinese Character rights arranged with DIAMOND, Inc.
Through Beijing GW Culture Communications Co., Ltd.

用全脑思考做企划
YONG QUANNAO SIKAO ZUOQIHUA

著　　者	（日）神田昌典
译　　者	邓琳萍　及越

出 品 人	钱丹凝
责任编辑	廖羽含　夏菲菲
封面设计	烟雨
责任出版	欧晓春
出版发行	四川科学技术出版社
	成都市槐树街2号　邮政编码 610031
	官方微博：http://e.weibo.com/sckjcbs
	官方微信公众号：sckjcbs
	传真：028-87734039
成品尺寸	130mm × 185mm
印　　张	10.5　字数　200 千
印　　刷	固安县京平诚乾印刷有限公司
版　　次	2019年5月第1版
印　　次	2019年5月第1次印刷
定　　价	49.00元

ISBN 978-7-5364-9363-6

邮购：四川省成都市槐树街2号　邮政编码：610031
电话：028-87734035

前 言

如果用一句话来概括本书的写作目的，那就是希望读者从中学会高质量的思维方法，提出一套超出顾客、同事及自身所期待的企划和提案，也就是把理性与感性兼备的思考过程落实成一套"行动方案"。

你的思考将不只停留在"没有形式"的层面上，而是进行"有行动力的思考"。

活用一张十分简单的图表。当你将图表放在眼前，向自己设问时，大脑就将开始飞速地运转。无论你是经商者还是公司职员，或者是一名学生，由于思维过程与问题的结果紧密相连，你都能直接从一个较高的角度来思考问题。若你掌握了这种能力，你的成功便是这个时代的必然产物。

眼下的"知识社会"通过知识的创造来衡量价值大小，每个人都希望能高效率地写出新企划和新提案。不仅是新兴企业和业务完善方面需要企划，从市场及品牌的角度来说，许多演说和宣传活动乃至图书上市活动也都需要企划。随着互联网作为城市基础设施的普及，更多的企业选择优先考虑在影像、社交网站、游戏、网上学习等方面拓展自己的业务范围。

这些尝试会让顾客和职员都很着迷，属于一项振奋人心的工程。能否实现预期的价值，则要看思考的质量了。目前，越来越多的一流设计师、广告企划人和经营顾问等从业者会与企业经营人一起制定出企业的运营模式，一个优秀的企划案为企业带来的影响是巨大的。有时想法或视角方面一个小小的不同，就能够征服顾客，在短时间内创造出自己的品牌。

很多人认为，只有那些积累了多年经验的教授级人物才能提出含金量高的企划和提案，其实不一定。☆本书的宗旨就是将教授们的高质量思考综合在一张表格上，让每一个普通的人都能向这一目标发起挑战。虽说有些鲁莽，但是笔者向其挑战的理由却非常充分。

为何必须尽早重视"思考质量"？

最近10年来，工作的信息化程度越来越高。比起需要动手的体力活，脑力劳动大大增加，像经营提案、市场分析、竞争分析、顾客属性分析、广告效果测定、预算差异分析、财务分析等等，这些以前需要经营顾问或广告代理商才能完成的专业性较强的工作，现在需要每个职员都能够掌握。职员们需要使用外企顾问常用的各种分析手法，最终拿到批量彩印好的提案书。可实际情况……却不免让人伤心。

在这里为大家举一个具体的例子。

前不久，一家一流企业为我所在的公司提供了一份营销方案。

对方不愧是一流企业，他们使用展示软件，在大屏幕上向我们展示了他们准备好的资料。一张张图表整洁美观地被投影在幕布上，我方提出的课题被分析得有理有据，同时提出的每个解决步骤也都很清晰。

但每个听取报告的人却都丝毫不为之所动，这份提案并没有让谁欣喜到发现什么新的发展可能。

提案书的封面上印有我们公司的名字，内容却仿佛是将写给其他公司的资料重新整合而成的。听到最后，我所关心的就只剩下"怎样把握较好的时机离场"而已。

你一定也有过类似的经历。一些巡讲的九成内容都给人留下很好的印象，但却全都是没什么新意的陈腐内容。我们只能说些类似"总结得真好……（然后，该说什么呢？）"这样的客套话罢了。

负责演讲的人并没有偷懒。他们努力地开动脑筋，结果却还是免不了落入俗套。这，就是前面所说的悲哀。

这到底是为什么？怎么会变成这样呢？

原因就是我们现在使用的思考模式已经无法满足知识社会对人们工作的要求了。现在，在商业领域起决定性作用的理论思考模式是在工业社会中形成的。这种思考模式以整理、分析过去的数据资料为主要目的，对设法改善环境来说非常有效。

但在知识社会中，新知识的创造产生了附加价值。如果人们还想用那种整理、分析过去资料的思考方式来考虑问题，以期提出超越经验之谈的、有新意的提案，就会十分勉强。所以，我们需要一种能让顾客和企业自身都大吃一惊的、新的思考模式去开创未来。

人人都可想到好点子

我敢肯定，本书可以让你拥有一流的职业知识，让那种集"理论"和"感性"于一身的高质量思考从你的内心觉醒。

在过去的十年中，我作为一名营销商，最忙碌的时候是在一年内接手两千余件经商咨询，客户要求我在短时间内给出具体的策划方案。而且如果方案无法落实于行动，就会毫无意义。就这样，当回顾自己做过的工作时，我发现能够产生成功提案的思考过程总是存在着共同之处。我将所有思路在起始部分的共同处简洁地浓缩在一张表格中，就形成了所谓的"全脑思考模式"。

当使用全脑思考模式来思考时，每个人都会得到能让自己大吃一惊的点子。不光是有趣的点子，你还会想出一些想要将其变成现实的点子。而思考的先后顺序会直接转换为行动步骤，所以并不是纸上谈兵，你能够得出一份让你打破僵局的计划书。

全脑思考模式可以被活用为会议的共通架构，能够有效汇集参会者的信息和知识，令会议效果加倍。由于所有思路都集中在一张简单的图表上，没有商业经验的职员也能毫无困难地参与讨论。它将避免由上而下的思考方式，使由下而上的思考成为可能。它提升的不仅是最初的那20%的思考质量，还有剩下的80%也得到了提高。

全脑思考模式是在我取得MBA并通过做经营顾问积累了逻辑思考经验后，综合了"思维导图""10倍速影像阅读法"等高效思考方法才总结出的智慧的结晶。

一旦开始使用这种思考模式，所有的信息和知识都会立刻与顾客的视角统一。在得出超越局限范围的解决方案的同时，曾经困扰你的那些逻辑性思考都会变得简单。也就是说，你将会用最短的时间掌握逻辑思考及高效思考等一系列有益的思考方式。

不安的开场白

在开始写这本书时，我设想的是——读过本书后，你会说"原来如此。用这种方式来思考的确对工作很有帮助。尽快将它应用到生活中吧"。我认为想要使上述情况发生，就需要尽可能地了解目前热门的企业企划主题。

于是在2008年9月，我向部分企业的经营企划者和营业企划负责人分发了一份主题调查问卷。虽然收到了485家公司的答卷，但拿到答题纸时，我却感到一种无法言喻的不安。

起初只是隐隐约约的不安，像有块小小的墨点一样。

但越是深入思考，那块墨点就变得越大，不知不觉地在我脑中扩大成一片浑浊灰暗的海面。

因为我发现，那起初看到的、小小的不安——其实早已超出了商业的领域，和整个社会面临的大问题紧密相连。

我想先阐明那份不安的实质，以其作为本书的开头。

目录

第5章

引发构思·行动·结果的故事法则

第6章

何谓以行动为目的的逻辑思考

第7章

打破僵局的CPS（Creative Problem Solution）

实现社会变革的市场营销

第1章

在看不见、摸不着、
感觉不到的世界里

现在的经营者、企业负责人等企业管理者都过着被追赶的日子。在公司的职位越高，每天就越要面对公司管理、工作和生活的协调，企业和社会的责任以及那些在多年前怎么也无法想象的课题。

到底发生了什么呢？

从结论上讲，时代的洪流正在迅速地从"信息社会"向"知识社会"转向。

看不见的水槽

或许下面的内容离题太远，会让你大笑不止。但倒不如说，我的目的就是让你啼笑皆非。

你会说，"这些想当然的事情，还用写在这儿吗？"

但是，我却不得不写。因为当我试图断断续续地将那想当然的——不必刻意提醒其存在的事情用语言表达出来时，我的大脑中的警报拉响了。某种麻痹着的感觉渐渐苏醒，我开始寻找一个出口。然后突然地，一面看不见的玻璃墙裂开了缝，我终于对自己的处境豁然开朗。

现在的我，就好像一只温水中的青蛙。

听说，把一只活蹦乱跳的青蛙放到热水中，它马上会跳出去；但若把它放到凉水里，再慢慢给水槽加热，青蛙就不会逃跑，而是慢慢地死在水中。处在变化中的人，是无法感受到周遭变化的。正因为无法察觉到变化，所以等发现时一切都为时已晚。

我原本没有打算写下这一章。但在我进行构思时，它却成了本书必不可少的内容。或许你会笑我杞人忧天，我却依然要将这些话讲给你听。

让人费解的485家公司的企划书

那天，我将一沓答卷放在自己面前。

"前言"里面写过，为了梳理本书的内容，对实际情况有所了解，我向485名营销管理者、企划负责人发放了调查问卷，用来调查他们在目前正在企划的主题中遇到的困难和问题。我同时允诺给参与者开一次讲座，活用我的"全脑思考模式"，为他们提出的主题找到突破口。

　　捧着这沓足足有5cm厚的答卷，我开始通读每一份企划。每张答卷都没有按照问题的要求来回答，只表现了自己对事业的热情。而我翻阅问卷的手指却越来越沉重了。

　　平时不管多厚的文件，只要有30分钟便足够我处理。但这一沓企划案却无法在脑中留下印象。看到一半，我只好把它们放在了桌子边上。

　　那之后过了一周……每次瞟到那些答卷，我反而会先去处理其他的工作。现在想来，那时的我面对答卷已经产生了一种"奇怪的不安"，所以不愿意正视它们。

　　眼看就要到举办讲座的日子，这件事不能再拖了。我只好再次拿起那叠厚厚的答卷，逐字逐句地阅读。但还是觉得沉重不堪，没法集中精神。当我又一次合上还没看完的答卷，想要喘口气儿时，那份"奇怪的不安"变成了一句话从我嘴里嘟囔出来：

　　"看不懂他们……写的到底是什么……"

　　我不想正视这个问题，也是理所应当的。这是和自己尊严挂钩的一件事。承认这个问题的存在，就是承认自己在营销顾问上的无能。

　　至今为止的10年中，我处理的营销咨询业务数量已经累计成一个不小的数字。多年的工作经验使我有足够的自信去认为自己能解决商业上发生的绝大多数问题。但是否由于时代的发展速度太快，使得我10年的积攒都化为乌有了呢？但不懂就是不懂。我不得不严肃地思考，自己是否已到了该退出江湖的时刻。

虽说要严肃思考，讲座却不能不开。即便看不懂，也要想方设法去弄懂它……

我将企划案一张一张看过去，随着逐字逐句的阅读，我发现自己之前的理解存在误区。

我并不是看不懂写在答卷上的东西。对于每件企划案，我都能很好地理解。归根结底，答卷里写的都是大多数商人在发展事业时提出来的问题——这和我一直以来司空见惯的市场上的课题没什么两样。

但将这485件企划案放在一起时，一切就变得不可捉摸了。有些人的回答和我心里对商业的印象不符。说得直白些，每当我翻动卷纸时，总忍不住去想"谁会需要这样的商品呢""这样的东西怎么能卖出去呢"。

也许远离商界后，多数企划人都会提出些偏离实际情况的问题。虽然不好用答卷中的问题来做例子讨论，但如果非要说得差不多的话，就是下面的情况：

· 若想以我公司的价值链为前提，一起讨论4P（产品、价格、渠道、沟通策略），从而得出适合中小企业SFA（销售能力自动化）的KSF（关键成功因素分析法），应当怎样将库存预测进度与乘法效应相结合？

· 如何通过推荐策略活用标准化样板，找到工艺流程设计的切入点，使IT成熟度的KSF能够有效实现？

· 平时的ID审核工作都是以无纸化的方式进行的，要想通过一个方案找到合适的终端解决办法，同时活用信息网络，应该从哪里入手呢？

怎么样？不光是这几个问题，如果485家公司做出的回答都是如此……你也会想打退堂鼓吧？

即将产生附加价值的商业形态

我开始设法读懂这一摞令人费解的企划案。记下的第一个笔记是句再寻常不过的话：

和10年前相比，如今商业界面临的课题变化速度太快。

例如10年前，科技领域面临的主要课题是如何扩大手机及工业机器人的经营脉络。但现在该领域面临的主要课题则是如何活用手机上网，提高经营者主页的总点击率；或是如何在互联网上建立起无漏洞的营业流程，建立能控制工业机器人动作的IT解决方案，等等。

保健食品领域10年前面临的主要问题是如何制定定期送货制度，而现在的问题则是为了确立事实标准，需要成立一个协会，应当怎样使协会的商业性和社会贡献性相互平衡。对农业来说，10年前需要下大力气建立将产出的农作物运向全国的网络，现在则需面临构建以提升个人知识和技能为中心的商业模型，从而在社会上实现可持续发展。10年前的IT业重在对顾客数据库的设计，以增加与老客户的往来。如今的企业则是寻求与客户接触的方式，将接触中收集到的信息活用在经营战略及商品企划之中。

也就是说，10年前通过何种组合方式来提高营业额是可以直接预测的。但现在则很难看出企业该通过做什么来使营业额得到怎样的提高。

当分门别类地来看10年间不同业界的发展情况时，我发现自己刚才写下的"和10年前相比，如今商业界面临的课题变化速度太快"完全不能表现如今的真实情况。于是，我在这行字上画了一条横线，又写了下面这句话：

~~和十年前相比，如今商界面临的课题变化速度太快。~~
现在，各行各业的发展者已经开始发展和以前完全不同的业务。

这句话准确地表现出了我的不安。为了让那"和从前不同的商务形象"更加清晰，我开始对那485份答卷进行整理与分析。

分析的结果大致如下页中的表1-1和表1-2所示。

像图表中绘制的那样，现在的企划负责人为了适应高度抽象、信息化的商业界，已开始进行高速思考。换句话说，越来越多的企业正在推动着那"看不见""摸不到""感觉不到"的产业前进。

如果只关注一家公司，经营管理者可能会认为"由于我公司在这方面比其他公司先行一步，于是企划案的内容也就高度地抽

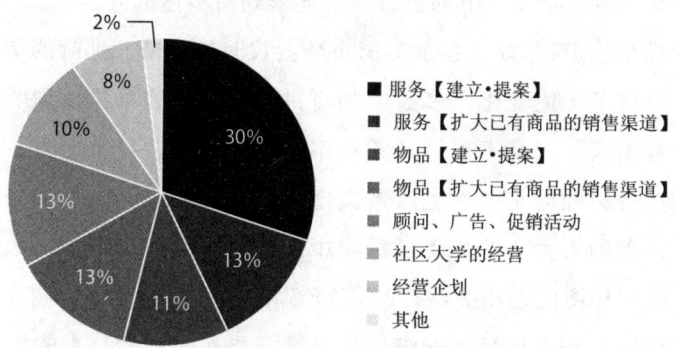

都有哪些企划书呢？

- 服务【建立·提案】
- 服务【扩大已有商品的销售渠道】
- 物品【建立·提案】
- 物品【扩大已有商品的销售渠道】
- 顾问、广告、促销活动
- 社区大学的经营
- 经营企划
- 其他

表1-1　对485家公司进行问卷调查的结果（1）

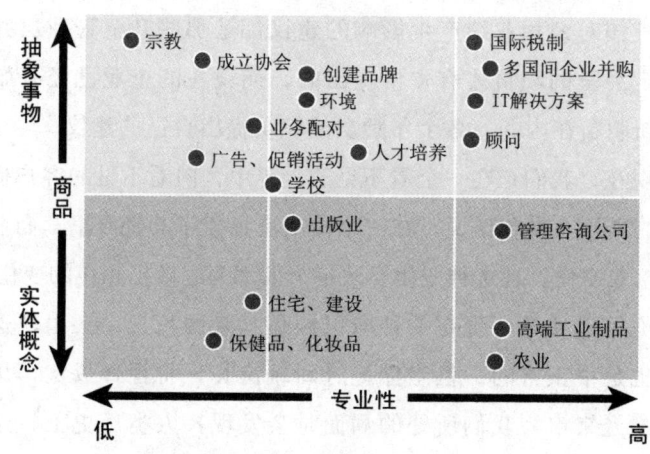

为企划书分类……

表1-2　对485家公司进行问卷调查的结果（2）

象化、信息化"只是个别案例。但实际上,这沓答卷中的每家公司都差不多,企划书中都包含"其他公司看不懂的内容"。

我想起了7年前,参加美国市场会议时的事情。那时的美国就已经出现了上述变化,多数参加研讨会和会议的单位谈到的都是些"看不到""摸不着""感觉不到"的东西。打个比方,当日本还在讨论如何集中住宅改革或定做西装的顾客,以提高经济效益时,美国人关心的焦点已经集中在如何构建一个组织,去提供类似介绍环境问题相关法律的CD光碟的销售,或是如何将文件管理系统软件和咨询活动捆绑销售等等。当然,那时日本的部分IT和金融相关产业也已开始计划向客户提供高端知识信息服务。但现在能够提供这项服务的企业已经超出了企业总数的一半。

另外,一些公司在答卷中称,有必要给二十多岁的年轻职员创造条件,让他们能够向上司提出推销新业务的建议。以前,这种能直接对公司业绩产生影响的建议都是那些升至管理层并积累了一定经验的职员才有资格提出的,而现在的企业已经开始要求包括新职员在内的、各个年龄层的职员提出自己的建议。

现在,我们正在一个看不见的世界中,向看不见的客户提供看不见的商品。换句话说,在一个被高度抽象了的世界里,商业正飞速发生着变化,且这种变化要求每个人都为之做出相应的变化。①

你可以认为,现在的社会已经是互联网社会,会出现这样的变化也是很正常的。但当你把时间轴拉长,将视野放宽,用历史性的眼光来审视我们所处的局面时会发现:人类历史上,这种生产抽象概念、使人与人不用面对面也能完成产品交换,形成经济活动的现象还是第一次出现。

人类诞生于数百万年前，其后经历了原始社会、农耕社会和工业社会。但在这期间，人类一直以一种具体的身体形态参与着社会活动。在短短的10余年间，"身体"的性质却发生了巨大的变化。而我们根本无暇去客观地思考，这样的变化究竟为我们带来了怎样的影响，只能任这条变化的河流湍急地把自己卷走。

当我把视野放宽时，看到自己就像一只坐在水槽中的青蛙，才大吃一惊。

每个人都明白"有什么东西在改变着"。所以说，我并不是对自己正在经历着的这场变化感到惊讶。

我是对自己面对这场变化无感觉、不自知、不思考、不行动，

注： ①向485家公司发放的调查问卷，主要以注册了笔者的电子刊的用户为主要调查对象。然而仅凭借特定电子刊的注册用户作为样本，不足以准确显示日本企业的整体形象。调查对象应以热衷于商业书籍，对相关信息较为敏感的读者阶层居多。而从作者们著作性质的倾向来看，市场战略、对预测时代走向感兴趣的经营者及经营管理人员较多。因此，不能说经济正向高度抽象化经济转变这一结论具有准确的学术意义。但我想，如果能以目前从大企业到中小企业正在进行的课题企划样本的数量作为前提，将会对企业看清其发展前景提供重要的线索。为此，我还是将这部分数据共享了出来。如这份数据能成为今后进一步调查的基础，我将倍感荣幸。

至今为止从未想要从中跳出而感到惊讶！

当阿忒拉斯不再顶天之时

那些无须像企划负责人那样负责推动事业发展的职员们，是

现在的工作		10 年前的工作	
1. 压力大	26.0%	1. 需要找到做这份工作的价值	18.3%
2. 工资比例失调	22.1%	1. 需要从心底找到工作的动力	18.3%
3. 自由散漫的人太多了	20.7%	3. 经常加班	14.4%
4. 需要处理的信息量太大	20.2%	4. 很多时候需要自己下决定	8.2%
5. 很多时候需要自己下决定	19.7%	5. 机械作业较多	7.7%
6. 常常独自一人或是在单位吃午饭	18.3%	5. 了解同事分配到的工作及其工作状况	7.7%
7. 需要掌握多项技能	17.3%	7. 人际关系复杂	5.8%
8. 交际能力不够	16.3%	7. 工作划分过于细致	5.8%
9. 人际关系复杂	15.9%	7. 需要处理的信息量太大	5.8%
9. 不必要的工作太多	15.9%	7. 自我主义的人太多了	5.8%

※调查概述及问题设置见本章结尾

表1-3　十年前的工作和现在相比所感受到的变化

怎样理解上述变化的呢？为了更准确地捕捉企业的变化，我又以208名营销员和文员为对象，进行了一次网上调查。

和企划主题进行的调查一样，问卷中将10年前的工作和现在的工作做了对比，试图通过对比现在和过去的不同，让调查对象对目前工作中的烦恼有更准确的理解。调查概述详见本章结尾处"有关工作变化情况的网上调查"，为了让读者对调查结果有更直观的了解，表1-3中对10年前及现在的工作中感受到的变化由大到小进行了排列。[②]

通过表上的调查结果，我们可将工作变化的大方向总结如下：

> 和10年前相比，现在的工作中处理的信息量大大增加。加班的时间有所减少，但类似企划、提案等要求职员做出判断、决定的工作逐渐增多。10年前的工作意义及动力比现在更强。现在的工作既无趣，薪水又少。

你有什么感想呢？

我的感受就像听到从前流行的歌曲旋律一样，"啊，那时候是这个样子啊！"10年过去了，我们终于可以客观地评价过去的那个时代了。

注：　②答案选项中，为了能够更好地表现出调查对象的心理变化，除去"较为适合"一项，我只计算了选择"适合"一项的数据。另外，为了把工作变化作为焦点，我在统计中把与"健康"相关的问题排除在了列表之外。

10年前有一个词叫作"终身雇佣失败"，但直到现在"终身雇佣"这个词却依然使用着。"企划"还未得到普及，仍然是大企业及外资MBA的专利。"人手一台电脑，全公司采用邮件制"是当时的新闻，人们还在认真地讨论着"是否能在互联网上买卖商品"。"成果评价主义"也尽量避免负面评价，倡导积极向上。哦，对了，还有一个词叫作"全球标准"。

　　为了更加合理地经商，日本企业开始试图改变。这也就要求个人做出相应的改变。这样一来，工作中的技巧就一定越来越高，需要处理的信息量逐渐增加，周末也需要不断充电，工作强度普遍提高。

　　曾经，人们觉得高强度的、需要做出决断的工作是"有意义"的工作。但遗憾的是，当事实如此的时候，一切就都变了。以前的工作变得既"有意义"又"有动力"。现在的工作则成了"无聊"的。

　　上述变化对年龄在35～44岁的人们影响尤为深刻。在这个年龄段中，超过65%的人认为现在的工作"压力大"或"压力较大"。其他年龄段的人普遍认为10年前的加班时间较多，但上述年龄段的人却认为现在的加班时间在逐渐拉长。

　　这种深刻的影响在工作的动力上表现得最明显。35～44岁这一年龄段中回答现在的工作"更有动力"的人数几乎为零。

　　若要将这一年龄段的答案抽取出来，用一句话来说明他们所处的环境，恐怕下面的插图是最合适的：

撑着天空的阿忒拉斯

神话中，阿忒拉斯由于打了败仗，被宙斯发配到西方世界的尽头去背负整个天空。这对他来说是一种巨大的痛苦。为了从沉重的负担中解脱出来，阿忒拉斯拜托珀耳修斯将美杜莎带到自己面前，他盯着美杜莎的脑袋，变成了石头。

若要给现在职场上35～44岁的这代人起个名字，那么"阿忒拉斯"再合适不过了。压抑着心中汹涌感情的他们，就宛如一尊尊石像，面对职场上风云巨变引发的种种矛盾，承受着各种苦痛，如果不把自己变成石像，就根本没法继续工作下去。

和大型企业的管理者们聊天的时候，他们无意间流露的情感更可以说是上述形象的佐证：

"要为开始新项目而奋斗时，不仅觉得后面有东西在扎你，前面和旁边也都被什么刺着。""只要把优盘插到电脑里，就会有人联络我们公司。"

"连半年后的事情都说不好，再说什么三年后，就会让人笑话了。"

他们无法考虑未来，也无法和周围的人交换想法，总之，只是一味地扮演着支撑者的角色。

当和他们面对面谈话时，你会发现，他们中的每一个人都有丰富的知识和出色的技能，完全可以说是一流的经营顾问。他们能够理智地把握眼下发生的问题，也有着面对未来的危机感。他们有着满腔热情，愿意为了企业和社会发挥更大作用，从而促成一场变革。

但他们肩上的担子也未免太重了。而且在未来，那担子非但不会减轻，反而会越来越重。

过去10年间，工作内容逐渐向高度信息化集中，光是计算机技能，就使两代人之间出现了很大的代沟。有的上司不会敲键盘，就必须有人来帮助他们做这部分工作。同时，又有一批新职员入职，他们从中学就开始使用手机，享受的是可以用手机写毕业论文的"素质教育"。

我们无法完全适应这个急速变化着的信息社会。何况企业为了提高自己的附加价值，必须不断提速，开辟新的市场，将看不见的商品卖给看不见的顾客。

客观地看我们身处的环境，就会发现自己已经如同热锅上的蚂蚁，一刻也不能再等了。

当阿忒拉斯的时代过去，我们也就无法坚持到最后。如果35～44岁这一代人垮了，企业也就垮了，恐怕整个天空也会随之崩落。

蟹工船时代的智慧

我就问卷调查的结果向所在公司的管理人员做报告的时候，我向大家讲述自己的见解，为了开玩笑，我还将偶然登载在杂志上的一张黑白照片放在了会议桌上。

那是一张布艺厂的照片。10多岁的少女盯着相机的取景器，面无表情，眼皮用洗衣夹子夹着。

一位同为顾问的同事低着头嘟囔道：

"这不是知识的蟹工船么……"

我不敢相信自己的耳朵。什么是知识的蟹工船？

众所周知，《蟹工船》是小林多喜二于1929年发表的无产阶级文学代表作。小说描写了在堪察加半岛的海面上，乘着蟹工船捕蟹，并将捕到的蟹加工成罐头的劳动人民所受的残酷待遇。

我将同事的话信以为真，反驳道：

"也没有那么残酷啊……再怎么说，也不至于……"

我还没说完，市场负责人又插了一句：

"啊，和蟹工船有相似之处呢。"

她曾经常去的那家脊骨神经诊所，有位医生曾经这样对她说过：

"你的颈椎是弯的呢。不过，为什么会向这个方向弯呢？难道你总是保持身体前倾的状态，只偶尔动动脑袋么？"

听到这句话，她愣住了。在她的办公桌上，为了提高工作效率，她在桌上左右两侧放了两台电脑显示器。这样，她就不用再上下摆动脑袋，只向左或向右看就可以了。而医生告诉她，这会给脖子带来很大的负担。

她上面说的话，意思是在流水线上不停地缝制产品和快速处理网络上传来的信息之间没有存在很大差别。

我的辩驳显得有些底气不足：

"也不是不能这样解释……但还不至于和洗衣夹子相提并论……"

这下，IT部门的负责人插话了：

16

"其实，到昨天为止，我一直都是用橡皮膏药粘着眼皮来工作的。"

这和布艺厂并没有什么不同。

区别只在于，布艺和信息。

那么，如果来客观地看看我们自己的工作情况，又会发现什么呢？

看到的事实可能会让我们感到更加沉重。

在布艺厂工作，上级会有明确的要求，工作方法也是既定的。而我们的工作却很难把握正确的方法，必须时刻处理源源不断的事务（365天，每天24小时毫无间断地从电子邮箱中发来工作的指令）。

工作信息化，使我们失去了很多。

有些东西是需要我们处于事发现场才能体会到的。比如，在10年前的职场环境里，只需听到身旁的人在电话里说了什么，就能推想到公司里又发生了什么事。常常听着上司和别人打电话，就能学到不少东西。

只要观察职员和顾客的接触方式就能明白变化对工作产生的影响。以前，如果有年轻的职员在讲电话时铁青着脸，他旁边的同事基本上都会察觉到，之后上司一个电话打过去便能解决问题。这种情况见得多了，多数职员也就自然而然地掌握了处理投诉的技巧。

但现在，我们却只能在收件箱里收到匿名的、看不见的客户发来的含有攻击性语言的信件。如果用电话来联系，他们一定不会说出那样的话。匿名邮件可以使客户们写信时尽可能地选择那些诋毁对方的词语。相关的负责人却得不到任何人的支持，往往直到崩溃，公司才会发现。崩溃的结果就是负责人的突然辞职，或者工作效率明显降低。职员对企业本身产生怀疑，出现内乱。

随着不与客户面对面打交道的业务量逐渐增加，人们无法从肢体语言上掌握工作技巧。在这样的时代中，网络上共通的信息多了，却也有些东西变得无法共通。察言观色、通过客户的音调来判断事态发展的意识也渐渐变弱了。

如果现在有小学生来公司访问的话，会看到什么呢？

早晨来到公司，就坐在电脑前，看着电脑中不断发来新的工作内容。职员迅速地将各种内容区分开来，做出看不见的东西，把它们提供给看不见的顾客，得到看不见的货币。看不到拿着文件外出的职员，面对面和客户交流的时间极为有限，职员们不能去想几年后的事情。

人类真的开始被计算机使用了。

我想，10年后的我们看到现在的自己时，很可能会不由自主地说出这样的话："在这样恶劣的情况下还在努力地工作啊。"

我们处在什么样的工作状态下？

我并不是想要抨击现在的工作状况。那种让人察觉不到的变化并不只颠覆了公司的职员。事实上，现在连经营者、负责人等企业的管理者都过着被追赶的日子。在公司的职位越高，每天就越多地要面对公司管理、工作和生活的协调，企业和社会的责任以及那些在多年前怎么也无法想象的课题。

到底发生了什么呢？

从结论上讲，时代的洪流正在迅速地从"信息社会"向"知识社会"转向。

我知道上面两个词都已经老掉牙了，你可能还会想"怎么现在还提这些？"但是，请接着听我往下讲。

很多人仿佛懂得"信息社会"和"知识社会"的区别，但其实他们并不懂。多数人将"信息社会"和"知识社会"相混淆。然而，当你将这两个词汇分开时，便会清楚地看到现在的状况。

在我看来，信息社会是以收集、整理信息作为附加价值的社会。而知识社会的附加价值，是指将通过对信息的收集、整理所整合出的新的意识和想法付之于行动。

请让我对上述两个概念做一个简单的说明。

1977年苹果公司发行家用电脑（苹果Ⅱ）标志着信息社会的真正到来。4年后，IBM开发了标准化的操作系统，一下子扩大了计算机的市场。当时普及的软件以打字和图表计算类为主，从中可看出，那时的人们利用计算机的主要目的是对文件、发票、账单等进行整理。人们不必再反复抄写那些固定模式的文件，也不用再进行重复计算，计算机的出现将之前依靠手写的文件数据化，大大地提高了工作效率。这样，人们便迈入了通过有效整理、处理信息来产生附加价值的时代。时代的潮流也使得合并了硬件与软件的计算机业飞速成长起来。

而信息社会的尾声是由互联网的出现来书写的。计算机与网络的互联使得信息资源爆炸性地增加了。

构建信息搜集基础设施的企业，即制造搜索引擎的企业和在互联网中提供信息的中介公司成为这一阶段的宠儿。目前，在互联网上获得成功的公司的运营均与拍卖、金融、旅游代理、网上商城、人事派遣、社会性网络服务等信息中介业务相关，网络上至今尚未衍生出全新的理念。因此我们说，互联网也依然站在搜集并整理信息从而产生价值的时代的延长线上。

到了2008年末，信息社会逐渐丧失了活力。大型计算机公司变得不景气，纷纷进行大型重组，便是预示信息社会走入尾声的标志性事件。2007年，宽带在日本的普及率超过五成，互联网自身的普及率也超过了八成这个上限值。这标志着作为社会基础设施的信息网络在全国已全面展开，并有着重大的意义。

正像交通网作为城市基础设施的落实是促成经济高速增长的前提一样，信息网络作为城市基础设施的落实也将成为促成知识社会构成的前提。而我们可以说，这个前提在2008年就已经具备了。如果用人体器官来做比喻，交通网就好比血管，而要想捕捉到血管中运输的物质（营养），则要待神经网建好后才行。这就需要把握大脑的运作，也就是知识社会成长的时机。

虽然德鲁克、阿尔文·托夫勒等知名学者们早在40年前便预言了知识社会的诞生。但直到今天，它才脱离了书本的概念，在现实中拉开帷幕，让我们能够亲自体验到它的存在。

可以毫不犹豫地说，知识社会的未来将会远远超越我们的想象。这就像20世纪80年代的人对今天的计算机和互联网的状况做出的预言被其他人取笑一样，能够对知识社会做出准确预测的人也一定会被旁人看作怪物。

现在，金融、法律、医疗、商业等领域的知识工作者们，科学家、工程师、设计师、教育者、艺术家、音乐家艺人等创意阶级在社会上崭露头角。不过，目前还只是一个过渡期。过渡期之后，真正的知识社会才会到来。

在创意阶级壮大的同时，完善的另一基础设施并非"信息中介"，而是"知识创造"，这便是知识社会正式进入成长期的分界点。使用知识创造这一基础设施，人类发现的知识将翻倍直至无穷。单个高度专业化了的知识在与其他领域的知识发生乘法效应时，将会爆发出惊人的力量。这将会使现在的人们认为无法攻克的，如环境污染、能源短缺、粮食危机、老年人看护、伤残和绝症等问题的解决变得出乎意料的简单。

然而，知识社会并不仅仅是个梦想。如果说蟹工船象征着农业社会向工业社会转型时产生的疼痛，眼下的时代便是信息社会向知识社会迅速转换时的阵痛期。

在蝌蚪变成青蛙的过程中，改变的并不只是外表，而是完成从腮式呼吸向肺式呼吸的转变，消化器官及其他内脏也发生了本质性的变化。一旦变化开始进行，就不可能出现逆转。与其说这个过程是变态过程，不如说是一种进化过程。

同样，信息社会向知识社会的转变或许也不是一种社会变革，而是一种社会进化。

当希望变化着的自己在变化着的世界中生存下去的时候，青蛙第一次做出了跳出水槽的尝试。

恐怕，这就是我们真正意义上的向知识社会迈出的第一步。

有关工作变化情况的网上调查

【调查概述】

样本数量：共208人。

调查对象：10年前和现在均处于职场中担任营销或文员等相关职务的人。

	男性	女性
35～44岁	52	52
45～54岁	52	52

调查地区：日本关东、近畿一带

调查方法：互联网

调查时间：2008年11月11日～11月13日

调查单位：macromill网络调查公司

【问题设置】

Q1 目前，您在工作中有烦恼吗？

Q2 请谈谈您在工作上的烦恼。

Q3 请向和您聊天的人倾诉你在工作中的所有烦恼。

Q4 请讲述在您把一些资料或数据做成一份总结时可能发生的事。

Q5 10年前和现在相比，怎样的状况更符合您？

· 机械作业较多

· 人际关系复杂

· 很多时候需要自己下决定

· 需要找到做这份工作的价值

· 经常加班

· 需要处理的信息量太大

· 需要从心底找到工作的动力

· 需要掌握多项技能

· 交际能力不够强

· 常常独自一人或是在单位吃午饭

· 工作划分过于细致

· 工资比例失调

· 开会的感觉让人窒息

· 自由散漫的人太多了

· 要特别留心健康

· 不必要的工作太多

· 压力大

· 工作枯燥

· 需要不断充电

- 了解同事分配到的工作及其工作状况

- 抽象的（需思考的）工作很多

Q6 请写下您平均每个月的加班时间。

Q7 加班时，您通常都在做哪类工作？

Q8 加班时间拉长的理由通常有哪些？

Q9 对您来说，加班是个怎样的时段？

请从下面的五个选项中选出一个来匹配您在Q5中的回答。

- 10年前的状况更符合

- 10年前的状况较符合

- 不好说

- 现在的状况较符合

- 现在的状况更符合

第2章

为什么符合逻辑的提案得不到实施？

　　有些企业即使在没有市场需求的情况下，也能取得成功。而这些企业的一个很明显的特征就是能够不断生产出顾客需要的产品。

　　企业不是围着蛋糕和竞争对手争夺顾客，而是必须不断制造出顾客想吃的蛋糕。而且，企业还必须让顾客吃了蛋糕之后，一辈子都想继续吃自己公司的蛋糕。

　　也就是说，在知识社会中，创造出市场本身的"需求创造战略"，比争夺市场的"竞争战略"更重要。同时，确保让顾客尽可能记住本公司产品的"顾客思维份额"，比从竞争对手那儿争夺市场份额更重要。

一个简单的"练习题"

"不得不处理的大量信息""社会要求的高超技巧""不断增大的压力"以及"没有成就感的工作"。

如何才能打破这个山穷水尽无路可走的僵局?

凭借努力与精神力量战胜它?

希望您还是别这么做了。这就好比,当锅里的水马上就要沸腾的时候,您鼓励锅里的青蛙说:"如果你打起精神来,即使是沸水也不可怕",二者是一个道理。

在每天不断出现的难题面前,我们又是为了什么目标而拼命奔跑呢?答案很简单,就是在工作中取得好的成绩。但是,当追求的结果改变了之后,如果我们还继续按以前的方式向前奔跑就等于停滞不前。

在向知识时代快速升级的过渡期内,我们遇到的有些问题是不能靠目前的经验来解决的,更有些问题是前无来者、出乎意料的,这些情况都是家常便饭了。而且,由于工作变得很抽象,让人看不清方向,也就难以确定我们所面临的具体课题与问题。以至于在火烧眉毛之前,谁也无法发觉问题所在。现代社会对所有阶层的商人的要求是具有积极性,能够从日常工作中发掘本质性的问题和课题,从而制订富有创造性的提案并付诸实施,以解决问题并且创造新的价值。

在遇到问题时,如果我们事先有一个探讨工具,也就是思考模式——思考什么、按怎样的顺序、如何思考——我们就不会慌张了。比如说，在做数学题的时候，如果知道第一步，就能够顺利解出这道题。但是，如果第一步就做错了，之后再怎么努力也得不到答案，只会徒增压力罢了。

商业也是一样的。在面临复杂的问题时，如果有思考模式这个探讨工具，就能够顺利地思考并解决问题。这里面有些是上司、同事分享的经验，有些是从商业书籍中借鉴的，有些则是自己从工作经验中总结的。无论如何，您自己总是掌握了一些思考方法吧。

当您在工作上遇到课题时，您想要运用什么样的思考模式来做出提案呢？如果不知道自己用的是什么工具，就不能充分运用它。于是我们要迈出的第一步就是客观地把握：在应对一个商业课题时，我们应当使用怎样的思考模式来提出更好的提案。

为此，我准备了一个简单的"练习题"。并不是要追求正确答案，希望您把它当作一个猜谜游戏，轻装上阵。首先，请看下页的课题介绍。

商品的相关信息就只有这么一点点。

您或许因为必须用少量的信息来制定新事业的提案，而不知所措。您或许会经不住诱惑，产生这么个念头：先在网上搜索"毛毛球"，进一步收集信息之后，再考虑销售方法。

但是，尽管信息有限、时间有限，您还是不得不想出优秀的提案。这一点，与我们在工作中面临的情况是相同的。而且毛毛球虽然是"看得见""摸得着"的商品，功能却很单一。尽管如此也是有可能想出各种点子，来有效利用毛毛球的。因此，把它作为知识社会中的商业演练是最适合不过的了。

【课题】 请制作一份关于销售以下商品的新事业的提案

【商品说明】 毛毛球 Koosh Ball

把许多橡胶细丝集合在一起得到的玩具球就是毛毛球。

它是一个名叫斯科特的人在1986年开发出来的。1988年，它在圣诞玩具人气榜上高居榜首。它的英文名来自其落地时发出的声音。

原本斯科特做出毛毛球是为了让自己8岁的儿子和5岁的女儿能够有一个可以轻松地握着玩或是抛着玩的小玩具。在美国的学校与企业里，这个玩具也被用作决定发言顺序的工具。在教室或是会议室里，没有人发表意见时，他们就互相抛球，接到的人就要发言。它的作用有点像丢手绢游戏里的手绢呢。

那么，在了解了课题之后，我们就开始演练吧。

这个游戏的目的并不是希望由此获得一个优秀的提案，而是为了客观地观察：在寻找提案的创意时，自己的思维是如何运作的。

时间限制为10分钟。预备，计时！

过去常用的战略方案行不通？！

当遇到上文提到的这类课题的时候，经营管理顾问们作为解决商业问题的专家，会怎样开动脑筋呢？

他们已经积累了许多解决复杂商业问题的案例，并且把解决方法模式化。所以如果灵活地运用这些模式，在遇到类似的问题时，每个人都能够轻松地找出高水平的解决方法。我们把这类解决问题的思考模式称为"framework"，意思是框架。我们把信息填入图表这个框架并进行整理。而且在这个过程中，我们能够同时把大脑中的一团乱麻理出头绪。

在归总商业提案时，使用频率最高的框架是3C分析法。虽然咨询公司、广告代理商带来的事业战略企划书，形式不一定相同，但它们大多是按照3C的思考流程来整理资料的。

3C是公司顾客（Customer）、竞争对手（Competitor）、公司自身（Corporation）三个单词的英文首字母。只有从这三个角度综合考虑，才能得出事业的关键成功因素(Key Success Factors, KSF)

简单明了地说，想在事业这个游戏中胜出，就要：

1. 深入理解规则（顾客追求的东西）
2. 找到竞争对手的薄弱环节（市场细分化）
3. 最大限度地发挥自己的强项进行战斗

仅仅是这三个因素就把制定事业战略时的要素全都包括了，所以它理应成为商人必备的框架……

　　想象一下有这么一群人，他们初次学习3C分析法，并把它套用到销售毛毛球的事业中。他们头脑中的演算步骤恐怕会是以下这样的吧。

　　"首先，考虑公司顾客（Customer）。根据商业书籍的介绍，在分析顾客时，首先从市场规模、市场成长率等入手……毛毛球的市场规模？据说曾经是美国玩具市场的第一名……这也是20年前的事情了。成长率？这也没有线索……"

　　"接下来想想竞争对手（Competitor）吧。毛毛球的竞争对手？如果是相似的商品的话就是压力球了。那么接下来就是考虑它与压力球的差别。与压力球相比……毛毛球的颜色更多，不容易滑落……"

　　"最后是公司自身（Corporation）的强项。嗯，是要开创一项新事业……所以非要说个强项的话，就是没有现有模式的阻碍吧？"

　　怎么样？老实说，您是不是感觉像困在没有出口的隧道里呢？

　　当然，如今的商人都非常优秀，所以我相信您一定会从这个框架中导出更加充实的答案……但是……如果是这样，您又为什么很难找到出口呢？

　　那些被经营管理顾问及ＭＢＡ采用的、有逻辑的战略方案框架，真的能派上用场吗？

从结论来说，当然可以使用。特别是在知识社会中，抽象性的工作会越来越多。在解决问题过程中极其重要的，也是毋庸置疑的一点是：不引发误解地把信息整理出来并且展示给别人。

但是，与所有的方法论一样，战略方案框架也不是万灵丹。可以说，在方法论推广的过程中，人们必定会遗忘它的本质，转向追求技巧。因此，表面上它被充分利用，到最后却会沦为有逻辑地"强行推销"的工具。

在知识社会中，要最大限度地发挥框架思维的好处，让每个人都可以在短时间内运用自如，就不得不理解它的本质。重要的是知道在什么情况下能够使用框架，以及在什么情况下不能够使用框架。了解服用"框架"这味药的注意事项十分重要，这就像胃疼不能吃头痛药一样。

有效运用战略方案框架的四个前提条件

通过深入思考在商业中频繁使用的框架的本质，我们可以把它能够发挥作用的条件概括为以下四点：

- 【目的】制定竞争战略的方案
- 【对象】经营者、经营骨干
- 【流程】整理、分析事实
- 【实施】由上而下

我们依次进行一下说明吧。

【目的】制定竞争战略的方案

首先，请看表2-1。

这里所列出的框架，都已经成为制定事业战略的标准，有众多的商人正在学习和使用它们。把各个框架放在同一张表格中来看，我们就能够明白开发者的意图。希望大家特别注意以下两点：

第一，仔细观察这些战略方案框架的开发年代之后，我们发现它们诞生于20世纪50～70年代，即整个世界向工业社会顶峰迈进的过程中。这些框架的目的就是制定企业战略与事业战略。但是当时的大前提是：只要制造出商品，眼前就会有旺盛的需求。

当时的物资供给无法保证人们过上舒适的生活。战后，资本主义社会中的企业就好像发现了新大陆一样，为从竞争对手那儿抢夺势力范围（市场份额）而杀红了眼。刚才说到的3C分析法以及哈佛大学波特教授的五力（5Forces）分析模型[①]就是在这个竞争战略达到顶峰的时代开发出来的战略框架。

注： ①五力分析模型是这么一种观点：面对五个要素——"新进入者""替代品""供应商""买方（顾客）"和"竞争对手"，为了增强影响力并从中受益，保证本公司在业界的定位是成功的关键。为了方便大家理解，该观点被简化成为：在业界有五个敌人，通过看清这五个人的力量对比，来找出最适合本公司的关键成功因素。

许多框架是在工业社会中开发出来的

框架	开发年代	开发者	目的
PDCA 循环	20 世纪 50 年代	爱德华兹·戴明	提高业务效率
PPM 技术	20 世纪 60 年代	波士顿战略咨询集团	决定项目组合的方向性
4P 营销组合	1961 年	杰罗姆·麦卡锡	卖方主导的市场营销
SWOT 分析法	1965 年	哈佛商学院／肯尼思·安德鲁斯	战略整合企业内部的能力与外部的环境
麦肯锡 7S 模型	20 世纪 70 年代	麦肯锡	构建高效率的组织
3C 分析法	1982 年	大前研一	企业策略规划
波特价值链分析模型	1985 年	迈克尔·波特	竞争优势
MECE 分析法	21 世纪	麦肯锡的第一个女咨询顾问巴巴拉·明托	解决问题

表2-1 成为商业标准的框架

实际上，如果把五力分析模型运用到毛毛球项目中去，人们也会像困在迷宫中一样找不到方向，就像刚才运用3C分析法遇到的情况一样。这是因为即使生产了毛毛球，只要把它当作面向儿童市场的橡胶玩具，就不可能期待有丰厚的利润，而且也不存在抢占市场份额的竞争对手。

有些企业即使在没有市场需求的情况下，也能取得成功。而这些企业的一个很明显的特征就是能够不断生产出顾客需要的产品。

企业不是围着热气腾腾的蛋糕和竞争对手争夺顾客，而是必须不断制造出顾客想吃的蛋糕。而且，企业还必须让顾客吃了蛋糕之后，一辈子都想继续吃该公司的蛋糕。

也就是说，在知识社会中，创造出市场本身的"需求创造战略"，比争夺市场的"竞争战略"更重要。同时，确保让顾客尽可能记住本公司产品的"顾客思维份额"，比从竞争对手那儿争夺市场份额更重要。

当然，虽说销售毛毛球是新的事业环境，却并不意味着没有竞争。如果存在现有市场，特别是市场进入成长期时——当今时代也存在着白热化的竞争，通过竞争战略的框架找出成功的关键因素是每个人都必须做到的。但是，在我们前一章谈到的问卷调查里受访人写的大多数课题，包括现在您投入的事业，都是创造高度抽象的新市场。如果是生搬硬套竞争战略时代的框架就很难找到隧道的出口。为了获取现代工作所需要的技术，商人拼命学习框架，却因为方向不同，感到压力巨大，并为此烦恼。这也是再正常不过、可以理解的。

【对象】经营者、经营骨干

在策划战略方案时具有代表性的框架除了3C分析法、五力分析模型，还有表2-1所列举的SWOT分析法、4P营销组合、PPM技术等各种工具。这里需要确认的是：这些框架原本是面向谁，又是由谁使用的。

这个答案很明显。其中大多数框架是面向经营者以及经营骨干，由学者和经营管理顾问在制作战略方案时使用的。但是，现在这个面向经营者、经营骨干的说明工具，却被使用在营销与公司的内部提案中，也就是说，逻辑框架的使用者与当初的设想不同。这个情况已经遍布到多个阶层。这时候，就出现了两个大问题。

首先，面对初次见面的人，业务员如果在咨询服务的名义下使用解决问题的框架，容易造成反效果。因为，如果这份策划没有非常精确地把握人的心理，它就容易加深顾客对于购买行为的抵触心理。

如果是经营者付费给经营管理顾问，委托他们对公司的经营状况进行诊断分析，客观的分析是受欢迎的。但是，其他公司的业务员与客户的关系仅仅是碰巧互相交换了名片而已。如果突然听到分析——那在逻辑上越正确——顾客心里的反弹就越大。如果对方不想听您的意见，您那符合逻辑的提案对他来说就变成强行推销了。

实际上，策划专家并不会带企划书给初次见面的人。我曾经

36

问过某位企划大师："老师，您在营销的时候会带上企划书吗？"

老师毫不犹豫地做出了回答。

"怎么可能呢！怎么会带去呢？你还不知道对方寻求的是什么呢，怎么可能做出优秀的企划？"

对于营销来说，第一步是认真倾听客户的声音。在深入理解客户的需求之后，我们才能开始制作提案。在这个过程中，只有建立了信赖关系，才能得到深层次的信息，进而有可能得到深层次的提案。如果只是粗浅地做了一个框架，用它对客户的事业进行分析与判断，这种企划反而会影响信赖关系的建立。

其次，负责实际业务的人使用面向经营者和经营骨干的框架时也应该要注意，并不是说完全不能用框架。框架本来应该是用于制定长期战略的思维工具，所以对于负责实际业务的人来说几乎是没有使用它的机会的。但是既然学习了就想要运用一下，这也是人之常情。于是人们就开始为了运用框架而分析，这已经脱离了本意。

比如说，刚开始学习框架的商人在策划时常常想使用的是表2-1所列举的SWOT分析法。这个分析法的目的是把握整个社会与业界的长期趋势，重新研究企业的长期战略。有这么一种说法，实际业务负责人如果考虑到三年之后的事情都会被嘲笑。所以实际业务负责人用SWOT分析法也很难得到有意义的结果。尽管如此，为什么人们依然频繁地使用SWOT分析法呢？我推测这或许是因为它的名字很容易让人联想到SWAT（洛杉矶市警察局特种装备与战术小队）而比较好记忆吧。

　　负责实际业务的人开始学习各种框架之后，接下来产生的典型问题就是"策划战略方案时，该用哪个框架？又是按照什么顺序呢？"比如说在市场营销方面的著名框架——4P营销组合（Product"产品"、Price"价格"、Promotion"促销"、Place"渠道"），如果单独使用，就无法得出有效的战略战术。为什么这么说呢？这是因为根据目标客户的不同，要考虑的信息也就完全不同。这也就意味着4P营销组合必须在3C分析法之后进行。

　　框架是各种立场的经营管理顾问与学者，根据各种不同情况，经过三四十年开发出来的理论结晶。其结果就是各种框架都混杂在了一起。据说，即使是经营管理顾问和广告代理商的企划负责人，要想灵活自如地使用它们，也要花2年时间。而在普通的商业活动中，负责人如果想在日常工作中充分运用框架，就必须要有进行长期培训的思想准备，因为那等同于在公司内部培养经营管理顾问。

【流程】整理、分析事实

　　您也许会问：策划战略方案时为何使用框架？那是因为我们要运用框架来整理复杂的信息，找出症结所在以及从根本上解决问题的方案。但这样就产生了知识社会的两个困境。

　　第一个困境，就是在知识社会中，如果一个市场的信息容易整理，就说明它缺乏魅力。而能够用框架进行市场分析，就说明市场里已经存在若干个竞争对手。也就是说，要进入市场就会被拿来和竞争对手比较。在下一章我们会说到，在知识社会中特地选择一个被比较的位置是极度愚蠢的举动。在知识社会中，顾客在购买商品之前几乎都在网上搜索相关信息。被比较的商品就会陷入价格战，它的利润将无穷小、趋于零。

第二个困境，就是如果使用框架进行分析，思维就难免会陷入老套路。比如说，您的公司要更新网站。您先用3C分析法的框架来分析竞争对手。具体地说，您先按业界和领域分别把本公司的网站与同行的网页进行比较。再制作一张纵轴是"可信度"、横轴是"精练度"的图表，从而客观把握本公司在业界的位置。之后，您看着图表决定了战略方向：尽量向不比同行逊色的位置移动。这真是非常符合逻辑的方法。

这种分析可以使您客观地确定本公司的定位。但是，从与其他公司的比较结果出发来决定公司的战略，这种做法在知识社会中，具有不战而败的危险性。为什么呢？制作比其他公司更有优势的网站这个想法本身，就把自己放在追随其他公司的这种追随者的位置上了。于是，公司跳入了随处可见的框架中，就像矮子里面拔高子一样。

知识社会中，能呈现新世界给顾客的先驱者们已经成为大众耳熟能详的品牌。为此，企业必须制造出与现有的东西截然不同的商品。我们面临的不是战胜对手这种小竞争，而是战胜顾客的思维这种大竞争。

考虑到以上两个困境，在知识社会中，当听到使用框架做出的条理清晰的策划时，我们必须要有危机意识。人们套用旧有的框架整理信息时，难免会受到现有思维方式的影响，所以面向未来进行思考这件事也就变得困难起来。

【实施】"由上而下"

工业社会的战略家们创造出来的框架，成为当今企业高层做战略决策时的必需品。但是和框架产生的年代相比，企业要在现在的组织中实施战略需要付出更多的努力。

原因就是竞争战略时代的组织类型是由上而下的，而与此相比，现在的组织类型是平行的。"战争"这个词可以恰如其分地比喻由上而下型的组织是如何实施战略的。企业的高层是上级，它的指示由下级也就是下属来实施。即使在决定事业战略时花费的时间长了些，但是之后只要一声令下就能让战略渗透到组织中，并且迅速得到实施。

可是现在是平行化的组织，战略的渗透、实施所耗费的时间长到令人焦急。在人们的印象中，正因为阶层平行化了，组织内部的战略渗透速度也应该变快。确实，随着公司内部IT设备的完善，人们共享相同的信息这件事变得很简单。但是这样一来，与推进事业有关的信息、权限也分散了，所以拥有相同的发展愿景变得特别困难。

除了做出战略决策的过程，在渗透、实施战略的过程中，也必须让各类相关人员步调一致。为此，只告诉大家符合逻辑的战略是不够的。从创意到结论的背景、流程都必须得到负责实际业务的人的认可。不论是军令似的命令，还是有逻辑的说服，这些如果没有负责人的认可，就不可能顺利实施下去。

同时，在知识社会中，尊重多样性的组织文化是重要的，但是这也会阻碍战略的顺利渗透。竞争战略时代的企业骨干几乎都是男性。在这样的单一文化中，理想化的推进战略的思考模式是逻辑性框架。分条阐述、黑色直线构成的图表，这对于大多数男人来说是很自然就能接受的思维形式。

但是现在，男性占优势的企业文化正在崩溃。在知识社会中——不同视角相辅相成的效果成为创造新需求的源泉——所以多样性催生了竞争优势。于是，在现代日本，女性职员的积极参与就变得很有必要。对于她们来说，有逻辑的框架未必就一定是自然的思维形式。

大家知道，男女有别，擅长的思维内容也明显不同。根据研究脑电波的生理学测试结果以及由10万人以上的个人数据库为基础开发的全脑模型得出了极其显著的结果：男性在技术、逻辑、分析、诊断等思维方面领先；而女性则在与理解感情、处理人际关系、组织团体有关的思维方面领先。当然，不论是男性还是女性，都能够通过训练加强这些能力。但是，如果您站在竞争战略时代的延长线上，要求以逻辑为基础的框架也是正常的——不过，您有必要理解：这对于女性的思维来说，并不一定就是自然的状态。

我担心的是：组织内部认为是理所当然的思考模式，与组织成员认为的自然思维的应有状态不一致。这在将来会引发深刻的问题。在知识社会中，企业要创造新的需求，就要把各种立场的人发出的信息与开发事业的模式直接联系起来，并且灵活地运用开来，这一点很重要。处理人际关系的能力是女性天生就掌握的能力，我们很有必要创造出一个环境，让女性能够自由发挥这份力量。

实际上，多数情况下，女性在工作中发挥的处理人际关系的技巧，已成为客户与职员沟通的核心。那种客户的真实心声还有职员所处的氛围是许多电脑电路中的数据无法完全把握的。经营骨干倾听客户的心声，感受那儿的氛围，把这些结果反映给事业的掌舵人。反映的方式决定了该公司是否能够持续地创造出新市场，能否将公司变成创造性高的组织。

可以说，女性天生的能力，是沟通经营骨干和职员、经营骨干和客户的桥梁。但是如果符合逻辑的解决问题的框架被当作公司内部共用的思考模式，则从女性负责人那儿得到的宝贵提示就不能被吸收到框架中，而是消失在会议的沉默中，无法传递到经营骨干那儿。结果不论经营骨干发表的事业计划是多么符合逻辑、多么具体、多么详细，负责实际工作的女性职员总会提出疑问："那么，在工作现场又该怎么做才好呢？"

在向知识社会过渡的组织中产生的思考模式的分歧是：从管理人员到工作现场的阶层分布变少了，对于一直自然地进行深厚的智慧和技术传承的日本来说，这种变化非常棘手。日本盲目地从欧美引进竞争战略时代开发的框架，而且时间上还晚了30多年，这无异于给自己戴上沉重的脚镣。恐怕，在企业不断消耗体力的过程中，日本总有一天会发现这是比引进成果主义更可怕的毒药吧。

现在使用工业时代开发的框架，会有各种限制。现在的状况下，初学者要先将环境限定在那些应该要考虑"竞争战略"的市场中，才能有效地运用战略框架。

这并不是说策划"需求创造战略"就不可以用工业社会的战略框架。只是，到时候，人们必须要做好思想准备克服组织内部产生的各种混乱。用竞争战略的工具来制定创造战略——这仿佛是用枪逼着人们参加庙会一样。

运用 "U型理论" 获得商业创意

虽然工业社会开发的战略策划框架有这样那样的限制，一流的经营管理顾问和策划负责人却总是能提交出优秀的企划。同样是接触不够充分的资料，使用具有同样限制的框架，他们却能够一下子找到令人大开眼界的新视角，这又是为什么呢？

如果您要问其中的缘由，那就是他们一边根据图表提出分析，一边有条理地说明解决问题的方法。但是和他们一同工作的时候，我们会发现他们说明的方法与他们实际操作的方法大有不同。因为在使用一个理论的同时，他们又把框架外的创意加了进去，只好又拿出别的框架。并不是因为有了框架才催生了他们的思考，而是他们的思考已经存在了，只是为了让人们看见他们的思考，他们才拿出框架。

这就如在达到高品质的思考前，我们一直都忽略了粗大的锁链上有了裂缝，而且优秀的企划、提案正是隐藏在这些裂缝中。有人把由裂缝引起的思考称为"非连续性思考""零起思维"。还有人把这种思考引起的特别状态称为"心流"（译者注：心理学家米哈里齐克森·米哈里将心流定义为一种将个人精神力完全投注在某种活动上的感觉；心流产生的同时会有高度的兴奋及充实感）。也就是说，从经验上，我们都知道在高品质的思考中，有些领域仅靠罗列逻辑是无法说明的。但是之前并没有一个明确的体系能够说明怎么样才能达到那个高度。

但是，终于出现了一种框架能够用非常简单的形式表现从构思到行动再到实现的这个连贯的知性流程，那就是麻省理工学院企业管理学系的高级讲师奥托·夏莫系统化的"U型理论"。

对于我来说，这个理论带给我的冲击就等同于在思考世界里发现了思考的元素周期表。元素周期表把物质系统化了，而U型理论则把思考系统化了。

通过系统化，我们切实地感受到了一个与以往完全不同的世界。这一点大家想象一下拼图就会明白了。看过拼图完成后的整体图之后，即使是再小的一块拼图您也可以从中看到整体。虽然"现在"我们能看到的只有极小的一部分。同时，我们也在看补上"未来"的整体图。也就是说理解了整体图之后，将整体完成的强烈能量就开始凝聚在每一部分上。

在商业上也是一样的。能够看到整体图的时候，您的面前就出现了完全不同的一个世界。虽然它是现在的小小的思考碎片（发现），但是当您实际感受到它是一幅描绘未来的大图的一部分时，虽然同样是现在，但是这个"现在"里已经种下了一颗绽放在未来的种子。

我希望大家一定要读夏莫先生的大作《U型理论》。关于U型理论的概要，我想和大家分享一下我从他的著作中得到的感悟。

夏莫先生所描绘的U型理论，是把社会变革过程中思考应有的方式系统化的结果。为了发现商业上的创意这一现实目的而参考U型理论，或许就有歪曲讹传这高尚的理论的风险。但是，我确信在商业上的这种实践与夏莫先生看到的未来是联系在一起的。所以我是在做好了受批判的思想准备的基础上和大家分享的。

获得解决方案要经过四个阶段

先看表2-2，您就会理解U型理论了。

这个表所表现的是：对现实的认识越深刻，思考所导出的行动也就越深刻。换句话说，就是内在的思考越深刻，实际行动时的力度就越大。这听上去或许有点哲学味儿，但实际上我们都有过类似的体验。

比如说，如果你的理解是表面的，落实到行动的时候也就只能走过场，对行动的结果也不会执着。也就是说，只是接二连三地做那些无法给人留下印象的工作罢了。但是，如果你深入挖掘眼前的现实，意识到这是人生的重要转折点时，你会怎么做呢？一旦开始运作，人的一举一动都会变得认真，竭尽全力，之后收获意想不到的成功——多数时候，事情会这样发展吧。我们对一个问题的现实意义理解得越深刻，得出的解决方案就越不会单纯地停留在创意层面，而将是可以带来本质性变革的东西。

思考层次深化后，就会发生真正的变革

出处:奥托·夏莫，U型理论　制图：贝尔特－克勒出版社

表2-2　发展到深层认识的四个层次

思考层次分为4个阶段

	现实认识中视角的位置		典型反应
第一层次 I-IN-ME		视角在自身范围内，仅下载过去的信息	"啊，那个的话，我已经知道了。"
第二层次 I-IN-IT		视角在自身与外界的边界上，是基于现实作出判断的状态	"原来如此，是这么回事啊。"
第三层次 I-IN-YOU		视角在自身与外界的边界之外，能够在感情层面引起其他人的共鸣	我能够明白你的心情
第四层次 I-IN-NOW		边界打开了，感到能够以自由的视角使之发展为更大的东西	虽然不能用语言很好地表达出我的感受，但是我觉得它会发展成一个很大的东西

出处:奥托·夏莫，U型理论　制图：贝尔特-克勒出版社

表2-3　现实认识的层次

根据夏莫先生的观点，现实认识或者是对某个问题的理解可以分为四个层次，归纳起来就是表2-3。

如果以这四个层次为指针深入挖掘下去，挖得越深，行动以及结果的质量就会越高。接下来本书将对各个层次进行说明。

【第一层次】下载

这是无法摆脱过去思维定式的阶段。比如说，拿到自己负责的领域的策划时，只想到"啊，这个的话，我已经知道了。""这个在以前也做过，但是没有成功。"等等。人的立足点是已经熟悉的现实，除此之外的信息都没有考虑的必要。

在这一阶段，即使是新信息，也只是单纯地被灌入现有思维定式的框架中去，所以我称之为"下载"。您从表2-3就可以看到，"自我"这个界限非常明确，人们的视角也固定在自己的领域中央。

这一阶段的思维方式就是反复操作过去行得通的方法。当未来是过去的复制、顺延时，它是有效的。但是，当无法用过去的模式复制未来时——譬如现在这种从信息社会向知识社会升级的时代——这个思维方法就不能解决问题，甚至会导致情况不断恶化，直到崩溃。

【第二层次】事实

在客观数据的基础上，试图解决眼前问题的阶段。解决问题时，所依靠的不仅仅是过去的经验，还有基于客观数据对眼前形势的判断。表2-3中，人们的视角移动到了自己习惯的边界线上。也就是说，能够客观地看待自己所处的状况。

从商业角度来说，就是在积累市场规模、市场成长率、竞争对手分析以及目标客户的年收入、属性、居住区域等定量数据之后，试图找出逻辑，以解决问题。这是一般的经营管理顾问在说明提案时进行的逻辑性的探讨。

在这一阶段，因为事实关系理得很清晰，有时便会浮现新的想法。但是，只有当未来是过去的复制、顺延时，人们才能在这一阶段获得不错的解决方案。在其他情况下，它会变成临时性的治标不治本的方法。在接触到问题本质之前，就像打鼹鼠游戏一样，问题会不断变化表现形式，反复出现。根据我的观察，一流的经营管理顾问或是企划负责人，为了追根究底找出问题的本质，毫无例外都会将认识上升到第三层次以上的高度。

【第三层次】共鸣

在这个阶段会发生巨大的变化。您看表2-3就能明白，"自我"这个界限变成了虚线，人们的视角移动到了界线之外。也就是"自我"这个壳子已经瓦解了，我们能够站在对方的立场来看待新的现实。

这并不是单纯地收集客户数据就能够做到的事情。当然，对客户进行问卷调查，组织小组讨论这种定性的数据收集可以获得一定的效果。但是，在这个阶段还只是把客户当成了获得利润的目标，没有真正意义上的共鸣。

当您能够用客户日常使用的词汇表达客户的烦恼、欢乐、悲伤、愤怒等感情的时候，就产生了不同的认识。一体化在此时实现了，譬如看着客户的神态就能从中发现自己的影子。这时候，客户和公司之间就超越了单纯的商业交易的关系，能够感觉到彼此在情感上的羁绊。

现在，网络环境作为社会的基础设施，已经十分完善。获得商品信息的主导权已经完全转移到顾客手上。这就使得共鸣感成为细分市场、产生附加价值的必要条件。而共鸣感是由人们对顾客以及对自己的理解深度决定的。为了在今后的商务活动中稳定地提高收益，在公司内部建立上述习惯与文化，自然地深入思考，使对问题的理解上升到第三层次，是极其重要的。

【第四层次】创造

"很难用语言来表达，但是如果硬要说的话，就是觉得它能发展成为一个很大的东西。"

这么表述会让人感觉第四层次是富有哲理的，且无法达到的层次。但是实际上这个层次也是很多商人都至少体会过一次的。

最初，我们以平常的工作方式开始策划提案，但却是意想不到的苦战，找不到突破口。在临近截止日期时，仍然找不到好的创意。在要放弃时，却突然有了想法，之后，就没日没夜地埋头工作。提案并不是单纯地堆砌起来的逻辑，而是完全反映了自己的生存经验与知识。我坚信，如果这个提案得到采用，顾客自然有收获，自己也能够成长。即使得不到钱，我们也会把提案交出去。思想和行动密切相关，已经上升到了密不可分的阶段。虽然披着商业的外衣，但那一瞬间，我们通过工作而感受到了自己的使命感，这同时也是让我们感谢客户能与自己邂逅的一个瞬间。

第四层次是超乎自己想象的美好未来意想不到地出现的阶段。夏莫先生把这个瞬间称为"presencing"，是把当下（presence）和感知（Sensing）两个概念创造的一个术语。您可以把这一阶段看作是"未来"出现在"现在"的瞬间。

看表2-3的话，就会发现这种情况下自我这个界限已经完全消失了，自己的视角存在于每个角落。也就是说，第四层次已经超越了单纯的客户与自己的交易这个阶段。在这一阶段您能感觉到自己的行动在构建更加美好的社会过程中是具有影响力的。

或许第四层次的概念，您现在还很难理解。但当您读完本书时，就会明白到达第四层次是在知识社会中开展成功的商业活动的关键步骤。

把握以上四个阶段，会给您的商业活动带来怎样的不同呢？当应用到毛毛球上时，深入问题的方法会发生怎样的改变？让我们试着感受一下。

第一层次 "呀，这种东西卖不出去。虽然流行过一阵子，但是已经过时了。"

第二层次 "如果调查替代品的市场规模，或许能够确保一定的市场……但是，这也只能成为应时生意。"

第三层次 "与顾客的共鸣？怎样才能做到呢？"（说明请见第4章）

第四层次 "发展为更大的东西？究竟是什么呢？"（说明请见第8章）

像这样，如果我们明白对问题的认识有四个阶段，就很容易看出目前所考虑的解决方案是思考上升到哪个阶段的结果。自然而然能联想到，为了导出具体的行动，需要进一步把思考深化到哪个阶段。

我们来看一下上面提到的毛毛球事业。如果解决问题的探讨只是局限在第二层次，就不可能产生具有号召力的、令人怦然心动的提案。当然，在第二层次，认真收集、整理相关信息，以此为契机，也可能产生具有说服力的创意。但是，正如本章已经提到的那样，不论收集、整理了多少信息，如果它的框架始终是竞争战略的框架，其结果就是：要让产生的提案精准地适应现在的商业环境是非常困难的。虽然提案在逻辑上可能是正确的，但是还需要得到周围人的认可，让他们主动行动起来，要达到这个水平，就必须要把认识提升到第三层次、第四层次。

第二层次、第三层次之间有很深的断层。第一层次与第二层次是坚守自己的领域的阶段，是证明自己的正确性，改变外部不正确的东西的方法。如果考虑到提案的实施不仅需要自己的力量，还需要与周围的人合作，你就会发现即使提案再符合逻辑，项目也不可能推进。实际上，调查结果表明，使用风靡一时的公司内部改革方法论——企业流程再造（BPR，Business Process Re-engineering）进行改革的公司有七成都失败了。这并不是说方法论是错误的，失败的原因是对现实的认识不够深刻导致了行动的约束力不足。

从黑箱到梦幻机

正如我们所看到的，如果只根据U曲线堆砌逻辑，我们的思考只能达到第二层次。因为竞争对手带来的提案也使用了同样的框架，所以使用这一层次来思考时，能产生差别的就只剩下价格。结果就是报价最低的公司，把这个工程当作普通的项目应付了事。因为没有产生任何新的东西，利润不断减少，企业就眼睁睁地衰败下去。

那么，怎么样才能让提案不是停留在第二层次，而是上升到能够改变现实的第三、第四层次呢？

根据U型理论，在上升到第三、第四层次之前，有一个"放下"的阶段。"放下"就是把现有的经验、知识都当作没用的东西，一秒钟全忘记。一流的人才都毫无例外地经历过"放下"这个阶段，甚至有的人把"放下"纳入到思维的流程中。

现在看个具体的例子吧。

那是我曾经接受某个战略咨询公司的女经理的邀请，和她的下属一起用餐时的事情了。她与平时不同，小声地对我说：

"我一直都没告诉过别人……我在准备巡讲的时候，用一种特别的方法。用这个方法的话，准备过程一点都不麻烦。"

"嗯，什么方法呢？"

"在睡觉前，想象巡讲时用的投影仪，在上面展示我策划的幻灯片。"

"然后呢？"

"客户在底下点头称赞，非常满意。想象着这个场景入睡，早上醒来以后，回想幻灯片上都写了什么，把想到的东西一口气写出来。这样的话，几乎没有为巡讲的内容发愁过呢。"

也就是说，女经理讲的是"利用做梦来准备巡讲"。而她手下的经营管理顾问们听到这番不可思议的话从平常非常有逻辑的她嘴里说了出来，都不知道该如何反应，全都说不出话来。

虽然我们不像这位女经理那样刻意而为，但是，仔细回想你会发现，每个人都有过这样的经验：在"放下"时，创意突然就自己蹦了出来。往往在绞尽脑汁之后，还是没有找到突破口，于是去洗个澡，散个步回来，却突然想到了一个解决方案。大家都知道，人在精神放松时，脑海中会突然浮现创意。但在解决具体问题时，应当在思考过程中的哪个阶段、如何"放下"才好，却并没有可以信赖的指南。

U型理论对从思考到行动的整个过程中必须"放下"的时机做出了定位。于是，一流的专家们想出创意的思维黑箱就被勾勒出来了：通过把至今都"看不见的东西"在整体中定位，来明确地定位现在"看得到的东西"。

当人们能够看到整体图之后，就会明白，当下诸多表面的商业技术知识只不过是抽出了其中的一小部分，既不能深入洞察现实，也无法在行动时拥有约束力。

如果用大家都能想到的普通思维当作提案，那么任何人都无法在行动时打起精神。思考只停滞在思考阶段，不会前进。尽管制作一份无法落实为行动的企划书耗费了大量的时间、劳力和人工费等成本，但它还是纯粹的垃圾。

思考与行动原本是一个硬币的正反两面。如果思考的品质提高到能够明确地勾画未来的蓝图层次的地步，那么不行动也难。但是，随着商业复杂化，思考的人和行动的人也出现了分工。这就会切断思考和行动这个连贯的过程。

为了在知识社会创造出附加价值，就必须从多个角度思考，得出深刻认识，并且落实到行动中。这一连串的思考过程是必不可少的。如果只有一部分的骨干职员能够熟练使用上述思考工具，就会拉大阶层间的差距，这是很致命的。

如果只用工业社会中产生的逻辑性框架来解决问题，压力自然会增大。在知识社会中，将思考模式作为组织的软件设施，使不论性别与阶层的每个人都能够自然而然地从第二层次上升到第四层次，是很有必要的。

第3章

不推销就能够招徕顾客的五个原则

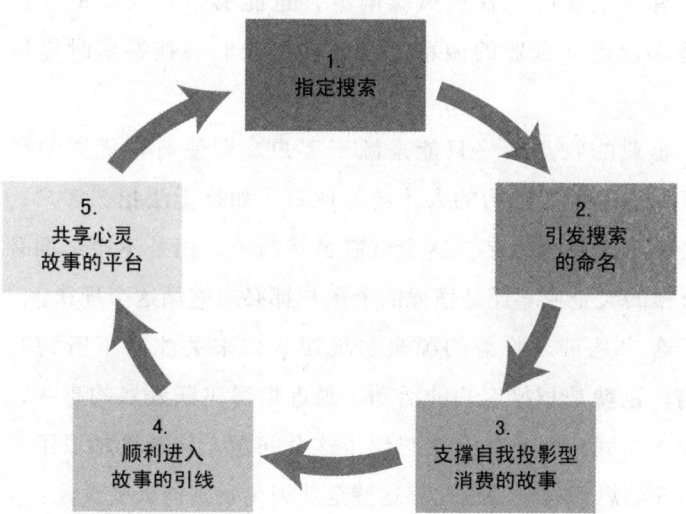

成功公司的奥秘

从信息社会向知识社会漂流的知识蟹工船。

阿贰拉斯们将热情埋在心底，拼命地支撑着蟹工船，他们就要承受不了船的重量了。而船上的乘客们却完全没有察觉到这一点。

船必须在惊涛骇浪中前行，而他们手中只有那随时都会破碎的石器时代的船桨。每划一下，船不但不会前进，反而变得更加沉重。船随时都有可能被血染的红海吞没。

在暴风雨中，眼前是一片黑暗，究竟怎么做才能让风暴平静下来？又该向何方航行才能到达新大陆呢？

有些企业即使在狂风骤雨中，也能够一帆风顺地前行。本章将探讨这些企业的内幕。这能够在我们寻找答案时提供一些线索。

企业的收益最终只能来源于客户。即使有再优秀的经营战略，实施了再有魅力的人才培养计划，如果无法招徕客户，公司也会一下子陷入赤字。这个机制虽然简单，但是不论是拥有自己办公楼的大企业，还是摆摊的个体户都必须遵循这个规律。

客户是带来收益的源泉。现在我们来关注一下所谓的市场营销，也就是招徕客户的活动。最近取得飞跃发展的事业，究竟有什么共同点呢？我突然想到了这个问题，就随机抽取了一些企业，开始思考起来。这几年这些企业因为财富而大受关注：

谷歌、巴塔哥尼亚（美国著名户外服装品牌）、DEAN&DELUCA

（美国顶级食品专卖店）、儿童职场体验城，还有iPhone、FREITAG（瑞士环保袋包）、艾凡达AVEDA（美容产品品牌）、思维导图、东京马拉松、Design Tide（东京设计周）……

我选的案例不仅有公司，连最近热门的商品或是活动等事业也包括在内。我随机抽取了一些，列出来之后发现一个难以理解的特征。

那就是一个事实：<u>它们几乎都没有大张旗鼓地进行营销活动。</u>

说到营销这个词，它让人想到推销员。营销可以说是包括推销员、广告与传单的促销活动。刚才列举的那些企业，我们几乎都没有看到他们进行主动的推销活动。当然，每个公司都有自己的营销负责人，但是谷歌的销售人员不会打电话过来问"您需要搜索广告业务吗？"也不会给客户发送促销信息。至于iPhone，它的广告的主要目的也是通知"iPhone已经到货了"。即使到店铺去，您也不会看到夸张的宣传册。DEAN&DELUCA这种"咖啡店"的分店数量虽然非常有限，但是印有它的商标的购物袋却是随处可见。也就是说，公司本身几乎并没有进行宣传广告活动。顾客本身成为活动的广告牌。

开始逐一思考这些事例之后……我得到的结论是：自我否定。

进行推销的公司，已经落后于时代了。如果非要推销，企业的前途也是一片黑暗。

要承认这一点，我自己也很抵触。为什么这么说呢？过去10年间，我作为营销技巧的专家、广告宣传活动和促销专家一直活跃到现在，但营销专家如果承认了"营销已经不是招徕客户的推动力了"这个事实，至今为止付出的心血与积累的经验就全部成了泡沫。

但是，我不能对自己说谎。既然发现了就没有办法逃避。

于是我开始客观地思考，为什么可以不用营销就能成功。当然，刚才列举的那些事业只是随机抽取的，不能说明所有的问题。或许会有人认为我只是为了方便读者理解而举例，列出来的企业提供的都是普通的消费品。

但是，究竟是为什么，这些事业可以几乎不进行营销、不打广告就能够确保短时间内在市场上处于压倒性的优势地位？更简单地说——"为什么不营销也能招徕顾客？"

如果以这个问题为突破口，探求知识社会中新型招徕客户的机制，我们会发现与现在的思维方式极其不同的5个原则。在这些原则的基础上，我们一定能够抓住问题的核心，并顺利地制作从根本上推进事业战略的提案。

为了简明易懂地说明5个原则，首先想在这里和大家分享一下我个人的一些小故事。您或许也有相似的经验。从这些故事中我们可以发现，客户在目前以及未来将会采取怎样的行动；为此，企业又必须在哪些方面加大投入。

想参加东京马拉松的冲动

2008年8月20日，晚上10点33分。

我对着电脑正在工作，突然想到要参加东京马拉松。并没有
特别的理由。并不是因为喜欢跑步。我自己也为这个突然冒出来
_{（原则2）}
的唐突的希求而感到困惑。
_{（原则5）}

我也不知道怎样才能报名。但是，就像喝水时拧开水龙头一
样（译者注：日本的自来水是可以直接喝的），我在搜索引擎里
输入"东京马拉松"。敲回车键的声音响彻全屋。
_{（原则1）}

我打开首页。直接点击了写着"报名"的超链接。

"原来如此。似乎要抽签。好像在网上就能够直接报名。"
_{（原则4）}
我毫不犹豫地在申请表中输入自己的个人信息。据说去年的
抽签概率是八比一。客观地想想看，中签的概率确实很低。但是
我认为，想跑东京马拉松是神明给我的指示，所以自己一定能够
中签。

乐天派的我抱着这种没有根据的自信，自鸣得意地按下了
"（我）接受以上规则并报名"的按钮。

从东京马拉松这个词浮现在我脑中到报名结束总共也就3分钟
的事情。

之后我就有了一种已经跑完42公里的充实感。话题到此并没
有结束。因为报名参加抽签让我感觉很充实，我就想把这件事告
诉其他人。于是我立刻给几个朋友转发了"感谢您参加报名"的
邮件。当然，因为太过兴奋，我还加了一句话，这自然是不用说
_{（原则5）}

的了。

"我报名参加了东京马拉松。你要不要一块儿跑？"

38分钟后，我收到了邮件。内容并不是"那么，我也去参加吧"，而是"我也报名了"。

接连收到的回信都是说，<u>自己想都没想就报名了。</u>
_(原则4)

然后，第二天，我又很自然地在公司每天早晨的例会上再次宣扬了报名的事。并且在遇到一个人的时候就劝说"怎么样，参加吗？"<u>我开始得意扬扬地讲述参加东京马拉松的意义。</u>
_(原则3)

既然开始跑马拉松，就得练习。我这十几年，几乎都没有跑步锻炼什么的，也就没有装备。于是我立刻在网上搜索、购买了职业运动员穿着的那种非常贴身的运动短裤、T恤衫等配套装备。我一边想着"这样，腹部的赘肉一定会消失的"，一边暗自微笑。我于是就在附近的公园开始慢跑了。在回来的路上又发生了一件事。

我住的小区叫作LOCAL CITY。我在陈旧的公告栏里发现一张海报，似乎是市里要举办马拉松大赛，时间就在几个月后。我回到家后，在网上搜索到那个马拉松大赛，但是不知道在哪儿报名。这让我觉得<u>"必须在市政府大楼的办公时间内打电话"</u>才能
_(原则4)
知道报名方式，所以我推迟了报名。

在那之后又过了一个半月，比赛日期临近了。于是尽管我认为报名很困难却还是坐了下来，给市政府打电话询问。结果他们却说"请在网上报名"，并且告诉了我报名的网址。

我访问了那个网址之后，发现它就是我以前访问过的那一

个。找不到报名页面，是因为即使点击指定的链接，出来的却是整个市政府的页面，也不知道马拉松大赛的信息在哪儿。也就是说不论在现实空间还是在虚拟空间，我都被踢皮球了。我终于挖出了报名表格，报完名以后，已经花了10分钟了。对于我来说，那10分钟就像永恒那么久。

但是，这个马拉松大赛有一个很大的好处，就是不需要抽签，即使是临近开赛日期，依然可以报名参加。

我被这落差给惊呆了。

要做的事情是一样的。只要跑步。

但是，报名时的满足感完全不同。报名参加市里的马拉松这件事，我谁也没告诉。

从这次的体验中我发现了一件事：我不想参加马拉松大赛。^{（原则1）}

如果想参加马拉松大赛的话，应该是在搜索引擎里输入"马拉松大赛"。但是我完全没有想过要输入"马拉松大赛"。

我想参加的是"东京马拉松赛"。除去东京马拉松赛，我既不想参加当地的马拉松大赛，也不想参加檀香山马拉松赛。

促进事业成长的五个新原则

我之所以讲了自己的小故事，就是想告诉读者即使从这样普通的日常生活的小事当中，我们也能看出营销无法成为招徕客户的工具的时代下，决定商业成败的因素。

"究竟怎样的事业会获得客户青睐，而怎样的事业会陷入困境呢？"

答案就隐藏在画有下划线的部分中。那么，如果是事业成长的五原则，可以用表3-1来表现。

知识社会下的成功由搜索开始

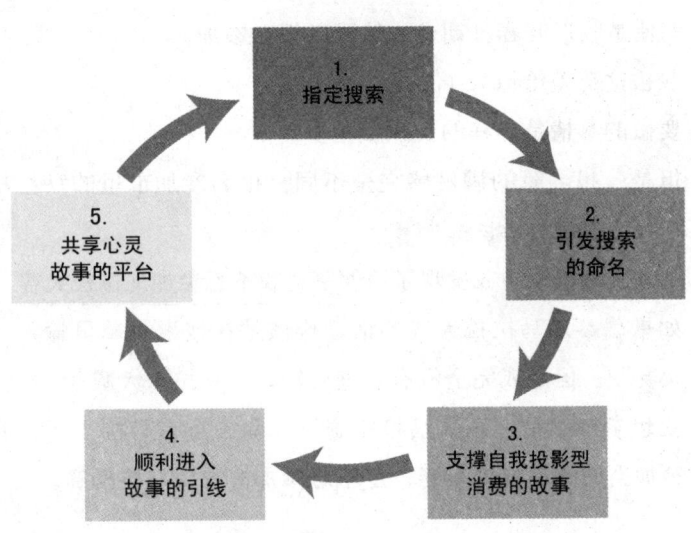

表3-1 知识社会下事业成长的五个新原则

过去经营者的技巧多半是常识性的。而五个原则中包含的东西，比如 "搜索" "命名" "故事" 等，都需要专家的技术、艺术家的感性。我把这些条件放进来并不是单纯地为了吸引人们的注意。正如我接下来将详细阐述的那样，在知识时代，它们是事业成长必须优先讨论的项目。这些项目过去只是旁枝末节的技术，但是现在它们正成为关系到事业经营的本质性的技术。

没有发现这一点的经营者将要面临的障碍是很大的。为什么这么说呢？不论他们如何努力地使用过去的商业技术，不论他们录用了多少个以过去的价值尺度判断的优秀人才，他们的事业不仅不会受到客户的青睐，甚至其存在都不会被客户意识到。然而如果掌握了新时代的消费心理的新技术，即使付出的不是百分之百的努力，也能够接二连三地催生出获利颇丰的事业。这就是我将知识社会下促进事业成长的五原则与您分享的目的。

【第1原则】指定搜索

在东京马拉松赛的小故事中，我用了"像拧水龙头一样搜索"这个比喻。它在相当大的程度上正确地表达了搜索的实际状态。正像自来水作为饮用水供给的基础设施得到完善之后，近代社会才拉开了帷幕一样，当信息的供给即"搜索"作为基础设施得到完善之时，知识社会才算真正开始。如果要用一个比喻说明这个新舞台上的商业变化，那就像是活在水里的蝌蚪不得不上岸一样。即使想以蝌蚪的形态生存下去，不久也会被晒干。

从以下的统计中，我们可以看出现在的商业所处的状况。并且我们能够再次确认：我们已经不可能继续待在自己习惯的水中了。

· 当客户要购买某种商品时，其重视的信息来源中，网络的重要性非常突出。它是电视的2.4倍，是杂志的3.8倍。

· 每天平均搜索三次以上的人占了66.3%。

· 每天上网一小时以上的人占了74.4%，每天看电视一小时以上的人占了71%。网络已经超越电视成为利用时间最长的媒体。

· 因为使用网络而导致利用率下降的媒体中，第一名是电视，占了29.2%；第二名是杂志，占了26.1%。

· 在交通工具中经常使用的媒体里，"用手机浏览信息"位居榜首，占22.6%。而"阅读书籍"是17.1%。

（出处：财团法人网络协会主编，互联网多媒体研究所发布《2008网络白皮书》）

特别希望大家注意的是客户要购买某种商品时，最重视的信息来源既不是电视也不是杂志，而是网络。同时每天使用搜索引擎三次以上的人远远超过了60%。

看着这些数字，如果用一句话概括今后的商业环境……

如果你的事业不被搜索，那么你的事业就不存在。

在NHK的特别节目《Google革命的冲击》中有过这样的报道：如果一个企业不是排在搜索结果的第一页中，它就会失去八成的客户。布鲁斯·克雷先生被称为搜索引擎优化技术之父。他是这么回答的。

"理想的状态是排在搜索结果的前5位，准确地界定是前10位。如果是15位以后，您的企业就等于不存在。"

这并不是说现在网络就是一切，其他传统的招揽客户的媒体如DM（直接邮寄广告）或是夹在报纸里的传单就完全没有效果。

事实上DM市场现在依然坚挺，同时在重视社区健康、住宅等相关事业中，有效的传单也确实能够让商业东山再起。

　　但是重要的是，对于没有合作过的企业，买家的注意力或许会被其他媒体吸引，但是当他们产生浓厚兴趣，想要购买时，就会通过网络搜索获得信息。比如说，夹在报纸中的传单是治疗中心（译者注：指压按摩、松骨、针灸等项目的养生中心）招揽客户的有效手段。但是客户不会像以前那样，凭着传单就做出决定。买方不仅会得到从卖方立场发出的信息，他们还会为了得到多方面的信息而上网确认该治疗中心"真的可以信赖吗？""适合自己吗？"等等之后才做最终决定。也就是说最真实的一瞬间存在于"搜索"中。

　　也许有人会说，面向一般消费者的商业活动就暂且不提了，面向公司法人的商业活动中决定购买时的要素依然与以前一样：人脉、介绍、策划的好坏很重要。但是面向公司法人的商业活动在探讨交易时，也不可能完全不看对方的网页。以前，我们公司在书面请示与在搜索引擎上查不出任何资料的某家公司进行合作时，公司的高层人员全都强烈反对。也就是说，在决定能否进行交易时，人们会根据网络上的信息来判断企业的可信度。

　　因为这不是本书的主题，所以在此就不详细阐述了。即使详细讨论了面向消费者、公司法人的营销流程，在购买判断方面，搜索还是被放在极其重要的位置。其中的原因就是买方被广告宣传和介绍等吸引的时候，还是被动的。当他们在网上搜索时，就迈出了自主行动的第一步。正是"搜索"这一瞬间的动作表明了买方"有购买的兴趣"。

比较搜索VS指定搜索

如上所述，搜索正在成为事业成长的关键。这是一个毫无疑问的事实。比起搜索，还有更重要的事情。那就是被搜索到的方法（参照第66页黑体部分）。

在做新事业的企划时，事业负责人曾问我："如果要让本公司在同类商品中被搜索时排在搜索结果的前几位，需要怎么做？"这时候，我半开玩笑地说：

"很遗憾，您的事业已经处于失败之中了。"

为什么这么说呢？如果是在同类商品中被搜索的话，就已经进入了一个竞争惨烈的市场。

搜索分为两类，那就是比较搜索和指定搜索。而且，几乎所有的公司都选择被比较搜索的事业。

比较搜索就是顾客对某些商品感兴趣时，在搜索引擎里输入商品的类别名称，比如说"减肥""整形牙科""海外机票""金婚仪式·礼物""辅导班·个别辅导""代书士·地区名"（注：代书士就是代人草拟提交给行政机关文件的人）等类型。在像这样按类别搜索的情况下，原本顾客就有比较商品的需求，其结果就是那些想在特定类型的商品中占上风的企业，一开始就选择了必须进行竞争的事业。

这种选择，在网络上，并不轻松。因为与实体店相比，网络的价格弹性相当高。也就是说，一旦开始降价，就无法再阻止价格下滑。比如说电脑软件吧。在发售当天，网络销售的价格就便宜5%左右。这是很常见的。随着时间的流逝，实体店的降价会告一段落。但是，网络上的价格却会下滑到利润趋于零的时候才悬崖勒马。顾客很自然地使用价格比较网站，如果有其他公司的价格比自己的价格低，从那一秒开始，你的销售额就下降了。顾客更换商家的速度就像用遥控器换频道那么快。所以企业在搜索引擎优化（SEO）对策上要花费大量的人力与成本。而且顾客很容易见异思迁，企业很难构建稳定的商业关系。

另一方面，指定搜索就是直接输入"商品名称""公司名称"。不是搜索"马拉松大赛"，而是搜索"东京马拉松"。顾客不是考虑了许多之后才指定了某商品，而是在他的头脑中完全就忘记了除了东京马拉松之外还有其他的马拉松这件事情。在他的头脑中，其他的马拉松是不存在的。

就像本章开头所列举的那样，那些不进行营销活动，也引人注意的事业全部都是指定搜索。儿童职场体验城是以职业为主题的面向儿童的主题公园。但是人们去儿童职场体验城时并不会搜索"主题公园"，也不会把它和"东京迪士尼乐园""日光江户村"（译者注：重现江户时代的风俗和文化的设施）进行比较。儿童职场体验城它的商品名称自身就已经成为一个类别。

FREITAG是把欧洲货运卡车的篷布回收利用做成的包包。它就像手表的品牌SWATCH那样，拥有数百种款式。最初是因为帆布上带有的一些污渍使每件商品都独一无二，很是稀奇，所以突然间FREITAG就流行起来了。被称为Messenger Bag（挎包）的这类包很有人气。但是顾客搜索时输入的是"FREITAG"而不是"Messenger Bag"。

Design Tide（东京设计周）是每年在东京的青山原宿涉谷附近举办的艺术活动，在这个活动中新星艺术家的作品一同展示在家居城、时装店、画廊、西餐厅等普通店铺中。该活动在举办的第三年已经有大约5万人参加，成为世界性的艺术活动。我曾经有机会与负责这个项目启动的人交谈过。这个项目当初的预算少得让人吃惊。然而仅仅依靠一个企划的创意就可以用少量的预算举办如此规模的世界性活动吗？这当初在企业经营者之间也成为轰动一时的话题。当然人们搜索的时候也不是输入"展销会 原宿""艺术活动 青山"等关键词，而是输入"Design Tide"搜索。人们都是事先浏览电子杂志收集了详尽的信息之后才到场的。如果是被指定搜索的情况，即使在搜索引擎优化对策上没有下多大的工夫，公司也会自然而然地排在搜索结果的前5位。因为几乎不存在竞争，所以价格竞争自然也就不在经营者关心的范围之内。企业不但不降价，为了维持品牌度，定价时反而以类似商品中的最高价格为目标。原本它们的产品就是指定搜索，所以从一开始就容易和顾客构建长期关系，事业也会快速稳定下来。

与比较搜索相比，指定搜索是截然不同的优秀的商业模式。

虽然如此，几乎所有的事业都不考虑指定搜索，而是想突然在那些被比较的、竞争惨烈的市场开展商业活动。这是由于他们没有理解知识社会中成功的关键因素。

并不全是依靠努力。如果没有被提名，有实力的歌手即使作全国巡演也不可能成为发行专辑超百万张的明星。商业也是一样，如果没有上榜，就只会埋没在其他的企业中。

【第2原则】引发搜索的商品／企业名称

如果要让客户指定搜索自己的产品，公司该怎么做才好呢？

答案其实大家都知道。顾客对某种商品感兴趣时，能否第一时间想起它的名字。不，不仅是被记起，而是要像iPhone、巴塔哥尼亚、儿童职场体验城、东京马拉松赛等事业那样，必须成为独特的存在，让人们能够忘却其他商品的存在。

<被指定搜索的商品／企业名称，究竟有怎样的机制呢？>

命名的典型方法就是分析的方法。正如第2章说明的那样，分析客户与竞争对手，选定对本公司有利的位置。在这个位置上，找出目标客户喜欢的印象，从各种语言中取出能够表达这种印象的语言，并进行组合。也就是说，方法就是想出让顾客有好感的商品／企业名称。

在只需要提高企业与商品认知度的时代，这么做就足够了。但是，现在的目的是，我们必须让在顾客产生购买的想法的瞬间，就记起这个商品名称，并且心无旁骛地在搜索引擎里敲入自己的商品名称。也就是说给商品命名的目的是同时实现："让顾客产生好感"＋"经常成为话题"＋"在网站上被搜索"这三点。

这种情况下，最重要的是什么呢？说到这一点，我想到了以下的假设。

[引发指定搜索并转化为行动的3个关键原则]

·作为设问的命名（TITLE）

·打开故事之门的收尾语（TAGLINE）

·作为答案的故事（STORY）

为了便于理解，说明的时候我把上面的过程分为2个部分。从"命名"到"收尾语"是第2原则。而关于"故事"则在第3原则中说明。

当人们想讨论一个话题时，能够挑起话头的句子是什么？

为了让客户在购买情绪高涨时，首先搜索本公司的商品，就要让商品的名字萦绕在客户的脑海中。也就是说商品的名字不仅仅要在广告或是报纸上至少出现过一次，还应该要被人们谈论好几次。实际上，我在本章开头提到自己很冲动地搜索了"东京马拉松"。但是仔细回想之后，我至少数次在报纸与网络新闻、博客上看到与之相关的报道，而且还和三个熟人讨论过这个话题。

于是，我们想想看，怎样才能制造话题吧。简单来说，为了让一个话题传得更广，说话的人就必须找出容易谈论的、对方觉得有意思的话题。

首先，谁是那个说话的人，那个具有影响力的、通过说话就能够让信息广泛传播出去的人？

在市场营销学中，我们把对买方具有影响力的人称为影响者。具有代表性的就是著名的博客写手、在线媒体的编辑、撰稿人等在网络上持续写文章的人群。特别是最近，很多博客的日志被编辑出版成为畅销书，他们也成为畅销书作家，在大众传媒亮相。博客写手对消费行为的影响力也变得很大了。于是，以前广告代理商的企划书只要针对大众传媒就足够了，现在则必须包括博客对策在内。影响者也包括明星艺人、时尚名模、体育选手等名人。但是企业要把他们的影响力运用到商业中去，原则上就要通过经纪公司来交涉。而企业容易接触到的草根影响者就是刚才说过的博客和撰稿人。

一个话题要推广开来需要的条件，首先就是便于影响者们谈论的内容。影响者们必须写文章。

<究竟怎么样的内容容易在博客、电子杂志、SNS（社会性网络服务）中成为话题呢？>

如果我们站在影响者的立场上，就能够明白这一点。虽说他们的文笔好，写起文章来也不费劲，但是如果不能时常提供新鲜的话题，读者就会厌倦。

如果再继续追究什么是新鲜的话题，那就是"你知道○○吗？"这种设问方式。谁都会把"你知道○○吗？"这句话放在文章的开头，所以这句话也成了最合适的敲门砖，后面的文章也好展开。或许您会认为这纯粹是技巧，但是实际上它却关系到交流的本质。在进行无法看见背景的交流时，提问这个方式是最无障碍的。智力竞赛节目之所以流行，就是因为提问是能够让共同话题少的人之间顺利沟通的方法。

小学生、中学生们开始交流时都是以电视节目为话题，比如

"昨天，你看○○电视剧了吗？"而博客写手们则是用本质上是"你读过○○吗？""你看过○○吗？""你知道○○吗？"这种设问为引子，和读者开始沟通。当然，并不是说就直接用这些句子来当敲门砖。但是如果把所写的内容概括起来，你会发现写手们套用的几乎都是这一种类型。

要持续写出文章并引起那些无法面对面交流的人的关注，这绝不是一件轻松的事情。如果预先准备好"你知道○○吗？"这类问题中的○○，文章就好写多了。也就是说，在○○的部分填入商品名称、企业名称，当这些名称对对方来说也是有趣的话题时，这个商品或企业的影响力就会扩大。

问-答的紧张感就是口碑的原动力

那么，怎样才能让商品名称、企业名称这个关键词展开成有趣的话题呢？这个问题的答案正是知识社会中，成为热门话题的商品及企业名称的关键。

本田直之先生的《杠杆系列》在短时间内就累计销售了70万册以上，我认为这是说明上面那个问题最适合不过的例子了。

本田先生的第一本书出版时，"杠杆"这个词怎么看都是金融用语。商业书籍的读者对此一无所知。将这种含义不明的词语作为书名（也就是商品名称），从常识来看，是非常危险的博弈。据说当时负责的编辑脸色很难看。但是，本田先生坚持要用"杠杆"这个词，而且还要把它发展成一个系列的书。

我曾经问过本田先生"为什么用完全没有认知度的词语作为

书名呢？"他的回答充满自信："我认为当谁都不知道的词语的背景被揭开后，它会一下子渗透到每个人的心里去。"

这正是让商品名称、企业名称成为话题的关键。

如果商品名称太简单，人们听过一次就不会产生浓厚的兴趣。但是，如果给一个概念稍微加上一些说明，就能够让人恍然大悟："原来如此，是这么回事呀。"所产生的效应就会像猜谜一样，脍炙人口。

"杠杆"正是这种能够让人恍然大悟的词汇。本来它是"杠杆原理"的意思。为了强调在工作上用最小的努力得到最大的结果的重要性，本田先生把这个词作为关键字提了出来。

但是，商品及企业名称通常很短，人们无法明白它的意思。于是，人们在名称后面要加上一个短句，把整个词汇的背景表达出来。这个短句就是收尾句，它是把商品名称、企业名称与后续的详细信息联系起来的衔接部分，通常是为了吸引别人注意，在商品名称、企业名称后面附加的词组。最有名的就是NIKE的"JUST DO IT"。再举几个例子。

· DEAN&DELUCA："Museum for Fine Food"（食品美术馆）。

· 儿童职场体验城：由孩子们创造的为了孩子们而创造的孩子们的王国。

· 东京马拉松：东京团结为一体的日子。

· 艾凡达（AVEDA）：维护个人真实的美（来自该公司的理念）。

· Google：永不满足，力求最佳（来自该公司的理念）。

收尾语正是浓缩了商品与公司能量的语言罐头。通过短小的句子，让人们想进一步了解公司、商品的背景知识。结果，它能够最大限度地提高搜索动机。

或许会有人说，只是想被指定搜索的话，不用想这么多也能够有更轻松的方法做到吧。确实，在CM广告的最后一个镜头准备一个小的搜索窗口，在里头输入商品名称，再点击箭头的方法也很有效。就像电视上经常看到的那样。根据统计，收看带有小窗口的CM广告的人中有23.4%会在过后真正地去搜索[①]。与传单和促销信的反馈率相比，这是一个高得惊人的数字。

但在这里需要注意的是，我们需要的并不是单纯的技术性反应。不是说诱导人们搜索商品名就可以提高反馈率的。前提是广告里有能够引起顾客共鸣的信息。与这个信息是一体的商品名称可以印在客户的脑海里，之后顾客才会搜索。

比如说有一种双肩包叫"天使之羽"。使用这个绝妙的名字，比从15秒的广告中得到的信息更能发挥"设问"的功效，让人想了解更多。而且被"六年的关爱"这一剂迷魂汤勾起了兴趣之后，买方会自然地在搜索的小窗口里输入"天使之羽"。而如果仅提供了该公司的名称——株式会社Seiban的话，很遗憾，不论如何诱导，都很难让人有搜索的欲望。

注：　①《2008网络白皮书》（日文书），财团法人网络协会编著。

CEO要兼职CNO的时代

整理前面考察的内容，我们可以得出如下结论：商品名称、企业名称的本质就是为了引导出详细信息的"设问"。而"收尾语TAGLINE"会最大限度地增加"设问"与"回答"之间的紧迫感，就像让发动机的传动轴动起来一样，以此提高人们的搜索动机。就像人渴了就会拧开水龙头一样，在知识社会中，如果想了解商品和企业，买方就会直接拧开搜索引擎这个水龙头。所以正是命名催生了这个渴望的世界。

当找到有效的名字时，您就能够把搜索的小窗口看作是极小并且无偿的广告栏。当在这个极小的广告栏里，输入的不是商品的分类，而是您的产品名称时，就决定了您是在竞争的红海中厮杀还是悠然地在蓝海中冲浪。因此，命名在事业战略上的位置是极其重要的。

这种命名的战略优先度并不是现在才开始的。有名的企业一直是这么做的，而且是很自然地去这么做的。化妆品公司、汽车公司在考虑新产品的命名时，都要准备数千个候补选项。那是因为他们深知命名的好坏决定着销路以及收益率的好坏。而以前公布富豪榜时，银座汉方研究所的斋藤一人先生的纳税申报额每年都高居实业家之首。据说他最主要的工作就是参拜佛阁和考虑商品名称。

这些知名企业一直在做的事情，当下的知识社会已经要求所有企业都必须这么做。并不是开玩笑，CEO（首席执行官）必须兼具CNO（首席命名人）的感性。

【第3原则】支撑自我投影型消费的故事

那么，如果命名是"设问"，为了寻找它的"答案"，人们的搜索动机就会增强。我认为大家都明白这一点。这个过程将买方从被商品与公司吸引而注意的阶段上升到了对商品感兴趣的阶段。

那么，要让买方把兴趣上升到对公司或是商品产生共鸣的阶段，企业又该怎么做呢？

从结论上来说，那就是在网络的另一端准备能够引起买方共鸣的故事。这么说或许有人会误解为"就是说那些如何克服困难的令人感动的"这种技术性的故事。比如说，在餐饮店的公告牌上用毛笔写下自己不断追求极致美味的故事，或是利用能够在特定的顾客阶层里引起共鸣的动漫人物形象开发商品……当然，从技术上看，编织这些故事是有效的。但如果故事没有真实感，人们马上就会厌倦。正如人们不会一再观看同一部电影一样。

不进行营销活动也能招揽顾客的事业有一个共同点：他们即使不是故意地去讲述什么，人们也能够从中感受到真实的情感。它们的故事并不是根据好莱坞的商业目的而编造的、具有圆满结局的那一种，而是在更大的世界观的碰撞下，在现实生活中正在上演的故事。

在它们的网站里，我们可以明确地看到，它们正向世界上的各种难关发出挑战。艾凡达（AVEDA）捐款旨在解决全球气候问题以及帮助促进温室气体零排放的许多非营利性团体；星巴克优先选择那些有社会责任感，关心社会问题、环境问题、经济问题的咖啡豆供应商，并从他们那里加价收购咖啡豆；巴塔哥尼亚为了让野生动物在逐渐变暖的地球上继续生存下去，努力铺设野生动物的专用通道；儿童职场体验城本来就是基于"让孩子们学习有责任感的行为与创造性知识"这一个愿景而成立的社会事业，它的理念引起了许多企业的共鸣，纷纷成了它的赞助商。

这些事业的共同点就是：有一个故事，贯穿了从产品理念到制造再到销售的整个过程。故事讲述的是企业在解决棘手问题的过程中发挥的领导作用。

企业究竟需要怎样的故事，而这些故事又为什么非扎根于企业的本质不可呢？其原因就是：在知识社会中，消费的动机、消费方式都发生了很大的变化。

消费动机的变化

现在，如果野蛮地把企业分为两类：一种类型就是以创造利润为目的，有余力再为社会做贡献；另一种类型就是以解决全球课题为目的，而利润是实现其目的的条件。

这两种类型的好坏，也可以从道义上的观点来评述——我希望大家注意的并不是"道义"这一点而是一个消费现实：这几年，消费者的消费动机发生了很大变化。其结果导致后一类企业明显发展得一帆风顺、风生水起。也就是说，纯粹从营销学的观点来看，企业如果要成功魅惑买方，与其标榜是"为了股东""为了客户"不如打着"为了地球"的旗号更为有利。

　　其理由就是,现在的买方并不是"为了过上更富裕的生活而购买",也不是"为了让自己看上去变得更好而购买",而是正在演变为"为了活出自我而购买"。我把这些消费类型分别称为"生活附加值型消费""自我炫耀型消费""自我投影型消费"。可以说我们现在正处于"自我投影型消费"的时代。

　　至于这些消费的不同之处,我们从经济衰退期的畅销商品中,就能够抓住它们的特征。在20世纪70年代,经济不景气时,红色或是橙色等颜色鲜艳的电冰箱、电饭煲成了当时的流行商品;20世纪80年代后期的经济衰退期内,BMW、男装品牌风靡一时;而在IT泡沫溃灭后的2001年,爱玛仕银座店前排起了长龙;这些都是当时轰动一时的话题。

　　就像上面说到的那样,即使经济衰退了,还是有东西畅销。而这些畅销品就是体现下一个消费趋势的前兆。彩色的家电潮是20世纪70年代的"美味生活"象征的生活附加值型消费的前兆;BMW等外国名车的潮流是20世纪80年代后期的自我炫耀型消费的前期(泡沫消费);而2001年的爱玛仕等名牌旗舰店开店热所象征的则是自我炫耀型消费的后期(名士消费)的前兆。

理解消费

马斯洛的需要层次	关键词	消费类型	经济衰退期与畅销商品
自我实现需求	创造性、伦理感、解决问题	自我投影型消费【故事消费】	2008 年末：次贷危机 高级护肤品
尊重需求	自信、成就、尊敬	自我炫耀型消费（后期）【名士消费】	2000 年：IT 泡沫溃灭后 爱玛仕银座店前排起了长龙 名牌旗舰店开店热
		自我炫耀型消费（前期）【泡沫消费】	1985 年：日元升值带的不来景气 男装品牌、BMW、皮草
社交需求	家人、朋友、恋爱	生活附加值型消费【美味生活】	1973 年：石油危机 彩色家电
安全需求	人身安全、职业的稳定性	生活充足型消费	经济高速增长期之前的消费
生理需求	食物、睡眠、性		

表3-2 知识社会下事业成长的消费原则

而现在，从2008年开始的经济低迷期，10万日元（约8000元人民币）以上的高级护肤品、化妆品正畅销。名牌并不是用来自我炫耀的，而是使人们从内心变得更加自我。对于能够实现真正的自我的投资，人们是不会吝啬的。

如果把消费类型与马斯洛的需要层次论结合起来思考，会更容易理解（参照表3-2）。人们的生活必需品已经足够了，随后看到拜金主义成功者的丑态，也就没有了自我炫耀的愿望。这之后，最后剩下来的愿望就是实现自我。也就是说，我们可以认为，目前，以追求自我的愿望为基础的新型消费形态正变得越来越正式。

那么，追求自我，成为真正的自己，要怎么做呢？此时，重要的是故事。为什么呢？那是因为把自己投影到故事的主人公中，就能够获得和主人公相同的成长体验。比如说，在电影的结尾，原本是胆小鬼的少年变得很强大，可以打倒强敌；或是土气的少女得到了美好的恋情，故事圆满结束了。观众把自己与主人公重合起来，获得在现实中生存下去的智慧和力量。

自我投影型消费，就是那种为了在未来能够实现真正的自我，支持那些能够具有投影能力的故事的商品与企业的消费。换句话说，就是通过购买这个商品，产生实现自我的可能性与走向明天的活力。

当然，并不是说所有的买方都会进行这个层次的消费。理所当然的，有些时候，我们要保证生活的充足；而有些时候，也需要自我炫耀。所以"大减价""年收入2000万日元（约160万元人民币），立刻获得"等满足这些需求的宣传词，现在还是有效的。但是，如果考虑到时代的发展趋势，这种传统方式的缺点是只能获得暂时的成功，它很难建立长期的稳定的商业模式。富裕阶层、感性丰富的创造阶层、女性、年轻人等创造潮流的阶层已经开始快速地向"自我投影型消费"升级。这样，经济／消费概念的完全转变也就只是时间问题了。

故事的矢量共享

当个人的幸福与社会的幸福联系在一起时，就容易产生全球化市场

表3-3 自我投影的故事的三个同心圆结构

接下来"新的买方会对怎样的故事进行自我投影呢？"是一个重要的设问。因为买方对故事产生了共鸣之后，对企业与商品的兴趣也更加浓厚了。于是他们继而深信企业与商品对于未来的自己是非常必要的，就会购买商品。

被自我投影的故事结构用图来表示就更简明易懂了。

表3-3表示的是一个非常简单的原则。当企业已经走在了买方为了实现自我而必须走的那条路上时，共鸣就产生了。买方无法用语言表达自己想要前进的道路。当遇到一个企业把谁都无法理解的、自己孤单一人的想法用语言和形象表达出来时，买方心中就会与该企业产生共鸣："对，我就是一直在寻找这个东西"。

如果企业走的道路与全球整体必须前进的道路相一致，这个企业就能够引起许许多多人的共鸣。因为，买方的价值观是多元化的。凡是渴望成为被大家支持并具有说服力的、全球性的故事的企业，首先会在界限较为模糊的网络上成为话题，之后它们在实体市场上的支持者也会增加。

要让这3个同心圆的矢量一致，与环境相关的事业就是最好的故事素材。那里有足够大的世界观让各种客户以及职员进行自我投影，而且事业本身也具有不得不参与的紧迫性。其他能够用来描绘具有说服力的故事的领域是：艾滋病等疾病、贫困、粮食问题、对于残疾人的支持、尊重传统文化、恢复地区的活力、提高女性地位等，也就是为了让世界变得更美好的所有领域。

您这么阐述的话，不就是把人道主义行为当成追求利益的手段了吗？——或许有人会有这样的误解。但是我的想法是相反的。过去，商业世界中存在着强烈的倾向：谈论社会贡献会被看作是幼稚的表现。也常有金融机构鄙视那些高声呼吁社会贡献的经营者："那些只谈论'理念、理念'的经营者是不会创造利润的。"

我并不是说出于伪善的目的而对社会做贡献对市场营销有利。事实上，有人指出：将对环境的贡献写入营销信息这种行为已经开始被称为"绿色噪音"，人们的反应已经开始下降。要把企业的经营理念对于社会的态度上升到具有说服力的连贯的故事中，仅仅具有题材是不够的。重要的是，这样的时代终于到来了：如果经营者不认真地讲述青涩的理想，并不断实践，就很难创造利润。

过去"故事"与商业是没有什么缘分的。在自我投影型消费能够催生高收益的时代中，企业活动的中心必须有反映世界观的故事。而且，必须让故事在企业活动的所有领域中保持一贯性。为此，商人需要掌握与过去不同的技术：写剧本、说故事的技术。

丹尼尔·平克先生的著作《高概念想出"新事情"的人的时代》是全美畅销书。他说："（今后需要的人才）不是在商业学校取得MBA，而是到艺术院校去取得MFA（Master of Fine Arts 艺术硕士）"。这些技术并不是未来的东西，现在就已经需要了。

【第4原则】顺利进入故事的引线

优秀的故事具有共同点。

在米切尔·恩德的著作《讲不完的故事》中，胆小的男孩巴斯蒂安在读一本红铜色的大书时，被吸进书中成为故事里的一个角色；在刘易斯·卡罗尔的《爱丽丝漫游奇境记》中爱丽丝掉进了白兔的洞穴，开始了在奇幻王国的旅程；在C·S.刘易斯的《纳米亚王国》中，孩子们跑入衣柜中，却发现自己站在夜晚的白雪皑皑的森林里。

每一个故事都是主人公被吸入一个与日常世界完全不同的世界中，并在那儿以人类的身份成长。与此同时，读者把自己与主人公重合在了一起，实现了心灵上的成长。

被吸入到故事中——不用营销就能够招徕客户的事业也会发生与此相同的事情。客户因为被商品名称吸引，被收尾句勾起了兴趣，想要寻找答案，所以在搜索栏中输入了商品名称。从这时候开始，与过去不同的新世界就展开了。

重要的是立刻就钻进故事里。比如说，东京马拉松比赛就是立刻能够抽签报名。结果，我的朋友也立刻钻进了这个故事里，非日常的世界就开始了。

不仅仅是东京马拉松比赛，那些不用营销就能够招徕客户的事业都是这样的，客户在检索之后没有停顿，立刻就进入了新的世界。

FREITAG有数百种产品，而不论您是在世界的哪个角落，都能够收到从瑞士工厂直接送出的包包，那感觉就好像连瑞士清新的空气也随着包包一同被送过来一样。如果在网站上订购iPad，苹果公司就可以为您刻上您喜欢的文字；而且如果您购买的是（PRODUCT）Red主题的限量版，公司就会把销售额的一部分作为治疗艾滋病、结核、疟疾等疾病的费用捐出去。巴塔哥尼亚的网站上会介绍数位被称为冲浪形象大使的冲浪界的名人，而通过穿着巴塔哥尼亚的服饰，您会感觉到自己开始和他们住在同一个世界里了。

就这样，网络已成为走向新世界的大门。

在新世界中，界限是模糊的。护肤品、化妆品公司提供SPA；食材公司销售布袋和T-恤衫；而服装公司则开办有关环境问题的讲座。也就是说，企业不是单纯地销售本行业的商品，而是把业务扩展到了跨种类的与故事有关的商品中去。

这种话题也可以浅显地理解为"搜罗相关商品，让客户在网络上能够直接买到即可"。但是，实际上，从这个现象中我们应当学到的并不是让销售额小幅度上涨的简单技能。

隐藏在现象背后的是：知识社会中买方购买流程的巨变。如果不把握这个大的趋势就开始准备对策的话，现在的营销体制一定不久就会落后于时代。现在我们就简单地谈一下在营销的现场正发生着怎样的变化。

"过一阵子客户"消失了，全是"现在马上客户"

正如自来水管道的水龙头一样，当信息的水龙头也遍地开花时，说到营销中最大的变化，那就是买方不到最后一刻，决不会和卖方接触。

如果是以前，当人们想要某件东西的时候，为了做购买决定，就必须和卖家接触，因为卖方拥有最多的商品信息。但是，现在只要拧开搜索引擎这个水龙头，信息就会流出来。

比如说，要买车的话，即使不向卖家索求商品目录，在网络上的PDF中，也能马上看得到目录。而在You Tube（世界上最大的视频网站）上可以马上看到汽车评论员的试驾报告以及全球媒体的最新报道的影像资料。也就是说，比起和业务员联系，在网络上调查更能找到极其详尽的商品信息。

其结果就是买方没有必要冒着被推销的风险，特地向卖方表明身份。对于卖方来说，稍微考虑一下再买的这种"过一阵子客户"消失了，全都变成了"现在马上客户"。乍一看，这对卖方更有利。实际上，要招来"现在马上客户"这件事情本身是很困难的。对于没有采取任何措施的企业来说，生意会萧条下去。从前的话只要努力向索求商品目录的人进行推销就可以了，现在却无从下手。

这件事如果用营销术语来说明的话，就是购买流程由古典的"AIDMA"向"AISAS"转变。AIDMA 就是买方在购买之前要经过"注意（Attention）""兴趣（Interest）""欲望（Desire）""记忆（Memory）""行动（Action）"这一系列步骤。这个过程中"兴趣"→"欲望"→"记忆"→"行动"这些与购买相关的行动中的大多数都能看到业务员的努力。

过去业务员可以在商品说明上发挥作用。但是，现在购买的流程变成了AISAS——"注意（Attention）""兴趣（Interest）""搜索（Search）""行动（Action）""共享

88

（Share）"。也就是前面说的"搜索"成了决定购买的真实瞬间。这样一来，在商品介绍方面，搜索引擎这个机器已经取代了业务员的作用。

如果想要应对这个变化来提高销售额，那么在买方和卖方接触之前的搜索阶段，卖方就必须发挥其影响力。也就是说，比起商品流通战略，信息流通战略更是关键。

围绕影响力的竞争

要掌握信息流通，让它对本公司有利，该怎么做呢？

首先想和大家讨论的是动画内容的流通。就像电视取代了收音机的时候，日本进入了经济高速增长期一样，知识社会真正开始成长是在影像替代文本成为中心的时候。现在，动画的流通已经快速扩大到手机终端、游戏终端、视频点播技术（VOD）等各种媒体中。这时候，如果有一个影像资料包括了做出购买决定所需要的所有信息，就能够一下子提高它的影响力。

这里举一个例子。某位舞蹈讲师，把自己做的视频上传到You Tube上。这段录像是把数码相机放到三脚架上拍摄的，时长为10分钟，制作过程极其简单。当初也没有引起什么反响。但是过了几周之后，情况发生了很大的变化。过去这段录像每天的播放次数也就只有几次，却突然有数百人、数千人开始蜂拥而至。不知什么时候它成了You Tube的推荐视频。访问者的数量激增，3周内突破了10万人，3个月突破了50万人，1年以后超过了170万人。那个原本默默无闻的舞蹈讲师，不到一年的时间，就已经在世界上出名了，而且比在日本的影响力还大。这就是所谓的"墙里开花墙外香"。还有舞蹈爱好者从外国赶来看她的公演。她简直就成了You Tube灰姑娘。

像这样，即使只是10分钟的工作，通过反复扩大再生产，就可以吸引大量的客户。如果业务员要运用这一点的话，该如何做呢？

首先，将过去的提案内容升级为更优质的内容，举办讲座。

当然，并不是说举办讲座这个行为能够让您也成为You Tube灰姑娘。但是，这个过程本身会产生大量的副产品。因为，举办讲座会把过去1对1的策划营销切换成了1对100的讲座营销。针对讲座召集的潜在客户，企业可以根据客户的购买意愿的高低，进行个别营销，也可通过业务通讯或是活动简介进行持续营销，这样就能够飞跃性地提高营销的整体精度。

同时，如果把讲座变成影像资料，便有可能实现1对1000的营销。如果把它上传到动画网站，潜在客户便随时都能够收看您的演讲。而且如果把讲座的内容编辑成书出版的话，业务员也可以被尊称为老师。每次去推销时，业务员还有可能拿到课时费。或许您认为"业务员不可能出书"，但是您如果认真观察书店里商业书籍专区中排列的书，或许就会改变想法。时代变了，现在每个月都能够看到生面孔的作者出的书。在稍微大一点的派对上，用自己写的书代替名片，递给对方也不是那么特别的事情了。

过去为了获得客户就要付出成本这个概念完全被颠覆了。被颠覆的原因不是为了获得客户而花费成本，而是获得客户的过程本身也可以制造利润，所以人们能够构建极其优异的商业模式。

我们把这个变化引进到辅导班的讲师身上也许就更加容易理解了。以前，对于辅导班的讲师来说，听课的学生数量受到教室大小的限制。但是现在，教室逐渐变大了，通过网络，学生可以在全国各地收看讲座，结果，一位讲师可以教好几万人。如果是教父级的讲师，年收入可以达到5000万日元（约400万元人民币）到1亿日元（约800万元人民币）。而现在的市场环境正在逐渐完善，教父级的业务员也可以达到同样的收入水平。

接下来要讨论的是，卖方为了让买方做出购买决定，需要发送可信度高、有权威的信息。

信息民主化推进之后，买方得到的商品信息不是局限于卖方所提供的那些了。这是自由的，同时又是不自由的。

这么说是因为，如果买方不知道自己追求的是什么，就没有方法去选择商品。虽然是要追求真正的自我，却不知道真正的自我是什么。于是我们这次要寻找的是那些能够给买方提供判断基准的信息，如："应该买什么呢？""自己究竟是什么人？"等等。

网络上的信息太丰富多样了，而其中自相矛盾的信息又有许多。如果我们浑浑噩噩地漂浮在网络空间的话，就不知道自己追求的是什么。于是我们就要寻找值得信赖的信息，对于这一点，现在有两个方法。

其一就是听专家的意见。所谓专家是获得第三方认可的人。他们发出的信息就只有那么一点，而且可读价值比其他不明渠道的信息大得多。抓住了这个需求的是由专家提供信息或是引导的综合网站All about。All about成立时原本是以广告事业为主业的。网站成立5年，销售额超过了20亿日元（约1.6亿元人民币），还在纳斯达克市场上市了。不知该购买什么的买方就这样直接购买了专家推荐的商品。于是All about从2006年开始在网上开张了"生活方式商店"。公司期待它成为与广告事业并驾齐驱的支柱事业。

另一个方法不是召集专家，而是培养专家。具体的例子就是日本蔬果专家协会。该协会建立了果蔬专家认证制度，在短期内建立了非常稳定的事业模式。听课费是10万日元（约8000元人民币）的讲座吸引了超过2万人的学员。在饮食生活知识泛滥的情况下，该讲座主要讲授有科学依据的营养知识。而这2万名学员就成了饮食生活的影响者。也就是说，通过建立认证制度，能够在短期内形成一个影响者集团。

它的影响力使业界重新洗牌。该协会开始与数家大型食品公司共同开发商品。如果在商品上印有协会的标志，该商品就有2万名拥护者。所以从市场营销的角度来看，可以毫不夸张地说，具有数百年传统的大企业在可信度上反而沾了这个成立不满10年的团体的光。

在知识社会中，像上面说的那样为了让信息有效地流通而将知识系统化后再传播的方式对买方有巨大的影响力。于是如何提高学习软件的质量，传授那些让人容易理解的、可信度高的购买判断基准就成了关键。

在新时代下，人们能够随时观看影像。这些优质的学习软件将乘着新时代的东风，广泛传播开来。就像蒲公英那带着绒毛的种子一样，商业的种子也会飞到远方，成长开花。现在就是这样的时代。

【第5原则】共享心情故事的平台

进入故事身临其境之后，自我投影的顾客会走向何方呢？

因为顾客把自己与故事的主人公重合在一起，于是就需要有观众或是同台演出的人。所以他们就必然会和周围的人共享故事。报名参加东京马拉松比赛的抽签之后，我立刻邀请了几位朋友的例子就是这种心理的典型。

顾客通过利用商品，展开自己的个人故事。结果就诞生了与主体故事相连的每一位顾客的心情故事。

这就是网络时代强有力的市场营销技巧。

因为不断有心情故事出现，就说明与这个商品相关的极其容易记忆的信息出现在各个角落，开始被人们谈论。

最合适的例子之一就是本田的跑车NSX的品牌战略。虽然这款车已经停产了许多年，但是在世界各地依然有许多车迷。现在每季度还发行它的业务通讯，每年都在赛道上举行活动。

在业务通讯上，不定期地介绍了许多NSX车主的心情故事。2008年第10期业务通讯上刊登了行驶40万千米的车主的采访报道。在驾驶座都磨破了的跑车前，车主热泪盈眶地讲述与NSX一起走过的岁月。这正是与商品共同成长的故事的主人公的身影。

因这则心情故事而感动的车主们也会讲述自己的故事。几百个、几千个故事交织在一起，就构成了一个整体的大"平台"。然后，接触到这个"平台"的人就会感动，开始考虑"哪一天，我也要坐NSX"。

最简单地说，品牌就是热心的粉丝的数量。而在这一基础上，收集心情故事就是在知识社会中构建品牌的最快捷、最合适的方法。但是，如果主体故事的质量不好，就不可能产生这些心情故事。

本田公司的创始人宗一郎先生开发了Super Cub（译者注：本田摩托车型号Super Cub在50年间生产了6000万辆，从1958年8月开始销售以来，全球几乎都可看到它的踪迹）。原本NSX就是把开发出超越Super Cub这一梦想具体化的车型。当时本田车在F1上连连告捷。NSX是本田公司花了6年时间研制而成的。据说在它公布于世的时候，它那些大胆的技术让当时世界上的跑车成为了历史，也让汽车记者们都吓了一大跳。而它的开发过程中的一些奇闻逸事也被写成了一本题为《NSX》的小说。像这样，主体故事有着坚固的基础，它的花絮逸事才能不断展开。

重视品牌的事业，很自然地收集心情故事。比如说，耐克就以"NIKE+与您的精彩故事"为题，征集用户的各种故事。银河高原啤酒则是实施"与银河高原啤酒的邂逅逸事大征集"这个策划活动。而巴塔哥尼亚则更明确地说："讲述故事能够给每个人带来影响，同时能够明确、详细地指出社会存在的问题"，它把与环境有关的散文放在公司的网页上。

想必这种收集心灵故事的活动，今后会在自我投影型消费的知识社会中成为主流，并不断丰富。随着心灵故事不断被传颂，不论是在网络空间还是在生活空间，您的商品与公司被人们提及的机会就会增多。故事推广开来形成的"平台"正是我冲动地搜索"东京马拉松"的背景。也就是说，这不是冲动，而是由于接触到展开来的故事世界而产生的必然的选择。

在本章中，我们讨论了不推销也能受客户青睐的事业的5个共同原则。

如果用图表来表示第3章的内容，那就是表3-4。

1．在知识社会中，做出购买决定的真实瞬间就是搜索。

2．为了提高收益，就要成为被指定搜索的企业。为此，企业需要能够记在人们脑海里的商品名称与企业名称。

3．商品名称与企业名称是通过"设问"的方式引出其背后的故事，即"答案"的。

4．企业与商品的故事内容必须能够让买方进行自我投影。

5．企业必须准备一个"平台"让自我投影的客户共享心情故事。

6．一直接触这个"平台"的新买方，会在购买时机成熟时，冲动地进行指定搜索。

重要的不是要素，而是从要素中产生的"什么"

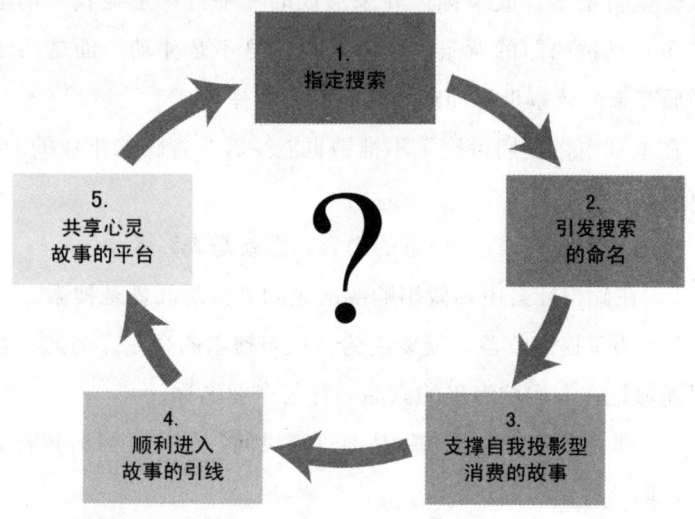

表3-4　知识社会下商业的市场营销之新五原则

　　把这6点列在一起，乍一看给人的印象是把毫无关系的东西拼凑在一起。就像"刮风的话，箍桶匠能赚钱"一样毫无联系。但是与之大为不同的是，完全不同的各个现象虽然看上去相互独立，却全是由一个核心本质根据需要变化形式所表现出来的。

　　那么它的核心究竟是什么呢？

　　答案在下一章见分晓。

第4章

全脑思考模式 ——快速启动

　　全脑思考模式是一张极其简单的图表。它不需要任何特别的工具与技术。高质量的思考能够催生行动与结果。只要有纸和笔以及您的头脑，就能够开始进行高质量的思考。

　　想要知道使用全脑思考模式的最佳时机？其实非常简单，在工作中突然遇到以下问题时就可以使用它。

　　"就没有好的概念了吗？" "就没有好的策划了吗？" "就没有好的解决方案了吗？" "就没有好的商品名了吗？"

真空的力量

聚集的人群的中心部分有一种东西——那就是真空。

东京的中心地区有个皇居（译者注：日本天皇居住的宫殿。现在所称的皇居位于东京都千代田区，即原江户幕府历代将军所居住的江户城）；纽约的中心地区有个中央公园；伦敦的中心地区有个海德公园。都市的喧嚣所卷起的漩涡中央是静寂缠绕的真空。

在那里明明什么都不存在，却又充满了什么，明明缺少了所有的东西，却又聚集了一切。它本身不会发生变化，却是引起变化的源头。这是一个肃穆的空间。虽然平时人们都忘记了它的存在，但是它却实实在在地释放绝对的存在感。

这个真空就是知识社会中事业成长的五大原则的核心。

我们看得见的是定位在它周围的具体"原则"。我想，如果逐一落实每一个原则，事业就能够完美地建立起来。但是周围的每个原则都是真空变形得到的产物。影响力是由横踞中央的真空释放的。所以，如果只是模仿表面看到的原则，我们就不能够抓住它的本质。

但是，有时候，经过深入思考得出的词句发出的光芒会在真空上凿出一个洞，从而释放真空的力量。于是，就在那个瞬间，一个谁也无法想象的新世界就出现了。

比如说"东京团结成一体的日子"这10个字的短句。

听到这句话时，人们看到的是怎么样的光景呢？听到的是怎样的声音呢？想起的是怎样的情绪呢？

这是一个新世界，是人们在东京马拉松之前没有感受过的世界。筹备者、啦啦队、赛跑者毫无隔阂地聚集在一起。已经在城市突然消失的整体感直接就出现在混凝土森林的间隙中。

比如说，"Yes, We Can."这改变历史的三个字。为了见证奥巴马总统的就职仪式，200万人聚集在寒风凛冽的华盛顿。他们想看到的、想听到的又是什么呢？他们不是单纯地想看美国历史上首位黑人总统，也不是想听他的就职演说，而是想从他的演讲中发现"克服一切困难生存下去"的思想以及美国的新姿态。

在生存变得不透明的时代，释放真空力量的词句，能够华丽地夺回再生的力量，使封印在每个人身上的故事漫溢出来。这些词句使这个停滞不前的世界发展成为更加美好的世界。那么，这些词句又是怎样产生的呢？

让故事漫溢的力量源泉

如果非要给知识社会中促进事业成长的本质——存在于五原则中的真空，起一个名字的话，那就是"SSC"，即"故事Story、流式播放Streaming、概念Concept"。它的意思是"让故事漫溢的核心"。它是顾客自我投影，夺回生存力量的源泉。当顾客接触到拥有SSC的那一刻，在他们的头脑中就展开了一个崭新的属于自己的故事。

SSC是用语言表现出来的。但是，语言又不能完全表达它。它是包括了语言、声音、光、色彩、温度、香味、触觉等所有印象的集合。拥有SSC的事业，不是强迫相关的人员采取行动，而是引导他们自主行动。每个人的头脑中对于未来都有一幅希望的蓝图，并且这些蓝图能够通过行动自然地表现出来。

"维护个人真实的美。"接触到这个信息的顾客的头脑中不仅会出现与商品相关的形象，而且也会涌现出自己如何走向未来的故事。就像顾客在购买艾凡达（AVEDA）的商品的同时，也改变了自己的思想和行动，他们都会果断地推进废旧物品的再利用。

SSC就是漫溢出故事的核心信息

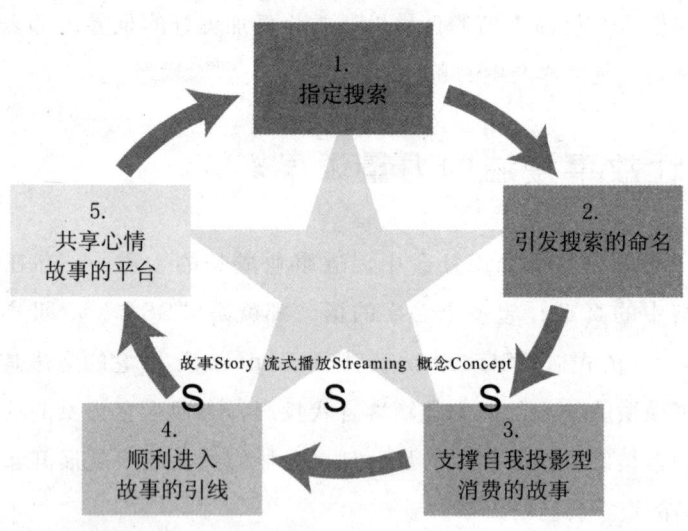

故事Story 流式播放Streaming 概念Concept

表4-1　存在于五原则的核心中的SSC（故事、流式播放、概念）

"永不满足，力求最佳。"每当接触到这一信息的顾客用Google进行搜索的时候，他们就会下意识地在头脑中捕捉力争上游的旋律。每当体验新服务的时候，他们就能够感受到自己的可能性又拓宽了，感受到自己努力想要打破现状的心情。

而儿童职场体验城的历史是这样刻画出来的。

"已经等不下去了！"

触动孩子们的这种想法，不是存在于某一个场所，而是存在于生活在全球各种文化中的孩子们的心里。

"想要创造更加美好的世界！"

这不是单纯的反抗心理，而是充满理念与责任感的想法。

"如果是我的话，能够在世界上过得更开心的……"

"已经等不下去了！"

孩子们的想法，从那时起，就在世界上传播开了。

接触到这个信息时，以孩子为主角的心情故事就漫溢出来了。这样孩子们在儿童职场体验城这个空间里就不再是消磨时间，而是在心灵的土壤里撒上可以生长出未来的种子。

这些事业中，顾客不是消费过去积攒的东西，而是发现价值——展望未来、积极行动、创造未来的价值。究竟怎么做才能够创造这样的概念（SSC）让故事漫溢，驱使人们积极行动呢？

非常遗憾，这不是用技巧就可以创造出来的，也不是刻意描绘就能够画出来的。恐怕只能说是"创意从天而降",这或许是超越人类认识领域的东西。

但是我们能够为这种偶然与奇迹的降临做好准备。如果准备了土壤,名为创意的种子就会慢慢飘落,并且自然地发芽、成长。结果的不同不在于种子是否飘落,而在于我们是否做好了充分的准备。

所以,做好迎接未来的准备是极其重要的。而在这件事上能够给您提供最大限度的支持的是全脑思考模式。

全脑思考模式是一张极其简单的图表。它不需要任何特别的工具与技术。高质量的思考能够催生行动与结果。只要有纸和笔以及您的头脑,就能够开始进行高质量的思考。

学习新事物时觉得万事开头难也是人之常情。或许开始时有一点点困难,但是只要您抓住了其中的精髓,它就会变得极其简单——就像小学语文课上教的东西那么容易理解。如果您有读小学的孩子,或许他们会把相似的作业带回家。虽然它极其单纯,但是如果运用到商业上的话,获得的东西就是极其巨大的。

想要知道使用全脑思考模式的最佳时机,其实非常简单,在工作中突然遇到以下问题时就可以使用它。

"就没有好的概念了吗?""就没有好的策划了吗?""就没有好的解决方案了吗?""就没有好的商品名了吗?"

活用"就没有好的○○了吗？"这类问题的信号

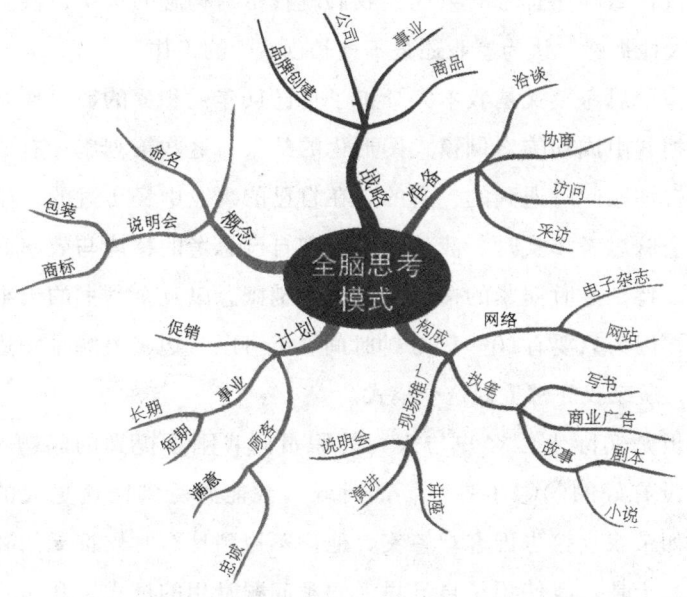

表4-2　活用全脑思考模式的例子（部分）

如此这般，当您想问"就没有好的○○了吗？"的时刻，就是全脑思考模式登场的时候了。

在知识社会中，这种抽象的问题确实变得越来越多。但是很遗憾，我们一辈子都无法得到答案。因为它就像问"就没有拯救地球的好方法了吗？"一样，想要用一个问题就实现过于庞大的目标。因为问题太泛泛了，创意也就无法涌现。特别是面对企划、提案等创造性课题时，如果没有思考模式——也就是思考什么、按什么顺序思考的条理，我们就找不到构思的头绪，甚至只会加大挫折感，认为"我还是不擅长创造性的工作"。

全脑思考模式是我本人分析了自己10年间积累的数百件企划案，把其中成功的案例模式图形化的结果。这些策划案，有的是我做咨询顾问时遇到的，有的是在自己的事业中经历过的。刚开始做全脑思考模式时，我是为了提高自己思考的精度与效率而使用的。特别是时间紧的情况下考虑营销概念以及企划书的大纲的时候，因为只要有10～15分钟时间，就可以一边喝着咖啡一边想创意，所以我非常重视这个模式。

但是实际上，客户与公司的职员问我刚才提到的问题——"就没有好的○○了吗？"的时候，我能感受到比这更大的效果。如果我直接告诉客户答案，他们不论到什么时候都无法独自思考。于是，我使用了自己思考同类问题时用的模式，和客户一起思考。

于是事情就产生了巨大的变化。当没有这个模式的时候，双方都看着空气说话。大家一边注意室内的气氛，一边讨论谈不拢的话题。但当有了这个模式后，双方便能看着同一张图表，针对同一个问题进行思考，向着同一个目标努力，走过同一个阶段，所以讨论能够继续下去。

使用这个模式开会之后，我们反而发现了没有使用模式时犯下的致命的错误。在看不见对方的世界工作，因为视线无法落在共同的对象上，所以即使使用的是同样的语言，双方也常常想象出不同的东西。

现在给大家举个例子吧。一家公司委托某位很有才华的设计师设计化妆品的包装。公司得到了三份非常优秀的提案，但是，公司最后却一份也没有采用。理由就是负责人与设计师从"顶尖而又凝练的设计"这句话中所感受到的印象产生了偏差。

同时，某位老牌撰稿人感叹交给出版社的书稿需要全部重写。其理由也是撰稿人与年轻的编辑从书名感受到的印象完全不同。"如果不是和同一代人说话，即使用相同的语言，也好像和外国人说话一样。"撰稿人吞下了这个教训。

这并不是笑话，而是才华洋溢的专家们常常犯的错误。由于知识社会中，人们无法用物理的方法看见同样的东西，所以即使花费了许多时间才做出的设计、写出的文章、企划——创作出来的东西却与对方的期望完全不同。这种事情频繁发生。如果套用到工业社会上，就是用很昂贵的原料努力生产出来的产品却有许多缺陷。也就是说，人们几乎没有进行品质管理，就是重复"做了扔，扔了再做，再做再扔"的循环。

而且，真正的商人总是想要高效地重复过去的工作方式。而另一方面，经营者又认为当务之急是面向未来，改革现有工作方式。于是发生的事情就是：职员全力奔跑的方向与高层想前进的方向不相同。高层则会愕然地想："稍微考虑一下，这些事情就该明白的吧。"其实，原本每个人具有的"思考方法的模式"就互不相同，出现这种结果也是很自然的。

现在的时代强烈要求人们进行思考。但是，人们却不知道思考什么、怎样思考。每个人虽在拼命工作，但是思考的条理很零乱。于是就引起了意想不到的思维分裂。

我自己做着管理者的工作，同时又深切地感受到与公司的职员和其他相关人员共享思考模式的必要性。因为，第一，为了防止在向共同目标努力的时候，发生意想不到的分裂；第二，为了最大限度地发挥他们的才能，让他们能够展开自己的故事。

像小学生画明信片一样获取创意

说实话，我写这本书的重要理由之一，就是把它作为有关公司的培训教材来使用。因为在改变思考模式之后，职员的思考水平比以前上升了一两个层次。

首先请您看一个实际的例子。

> 因全脑思考而形象化的企划（直到找到企划的方向为止，需要花费的时间大约为40分钟）

·思维导图会议术→经验与知识导出的思维导图会议术（改善讲座概念）

·面向女性行政人员的英语会话培训班，一同思考您的未来、学习的伙伴→*Learn Share You*

·创造性管理研究会→*Creative F1*

·面向通勤者的门户网站，公司内部的知识搜索 ·知识创造平台→《鱼眼》

·*Feel*·*Good*·*English*→《英语的口头禅魔法》（改善书名）

·《简单·逻辑思考》→《有条理的涂鸦》（改善书籍概念）

·经营者公开讲座，用脑明星的知性交流平台→*My Next Plaza*

大家能够看到：通过改变思考模式，企划的形象性提高了许多。我们使用全脑思考模式，可以让这种抽象的议论在短时间内变成有形的东西。

大家看表4-3就能够明白，全脑思考模式是由插图和图表组合而成的。通过使用插图，不论有无商业经验，每个人都能够不抵触地开始思考。而且不需要若干个图表，基本上只要一个图表就能够画出整体图。因为视角不会四处飘移，所以从一开始思考时人们就能够集中注意力。

图表虽然简单，但是内容却很深远。为了让大家能够无障碍地理解全脑思考模式，我们分阶段说明。

表4-4是全脑思考模式的体系图。根据思考深入的程度可以分为简略版和完整版。

表4-3　全脑思考模式形象图

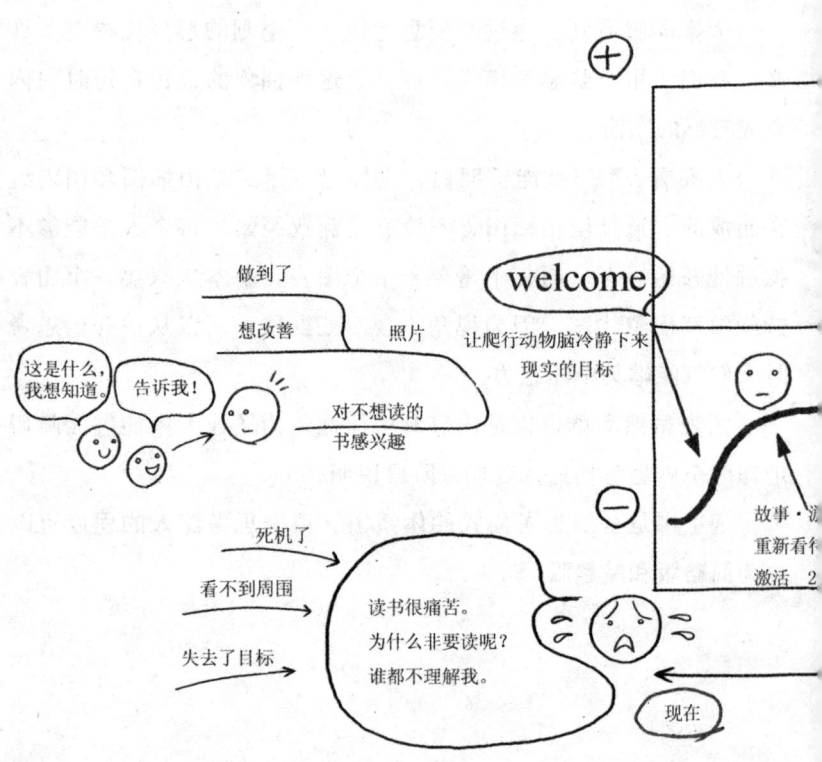

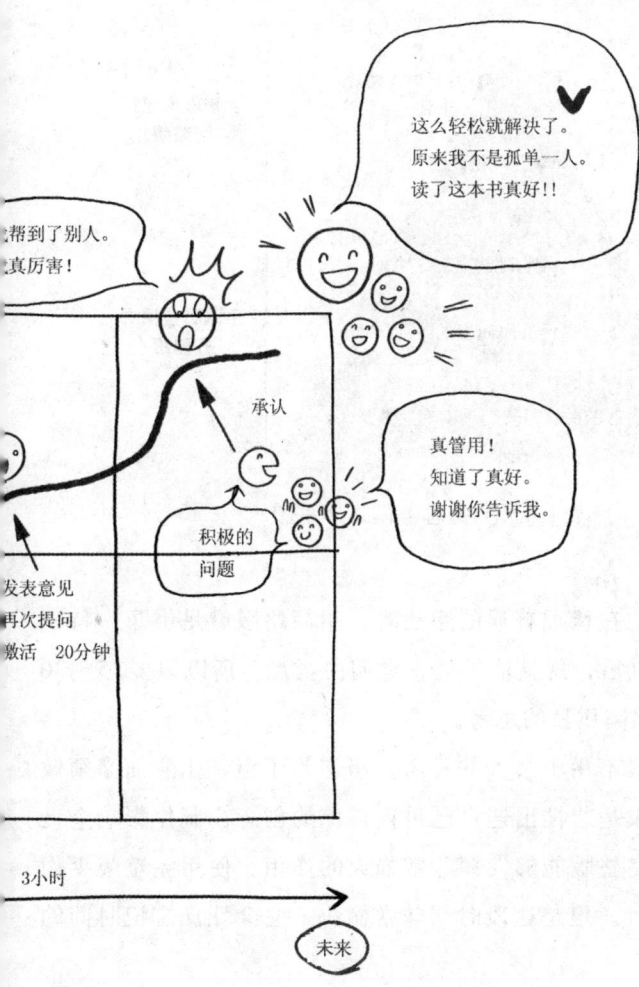

成套使用或是拆开来用都很有效果的方法论

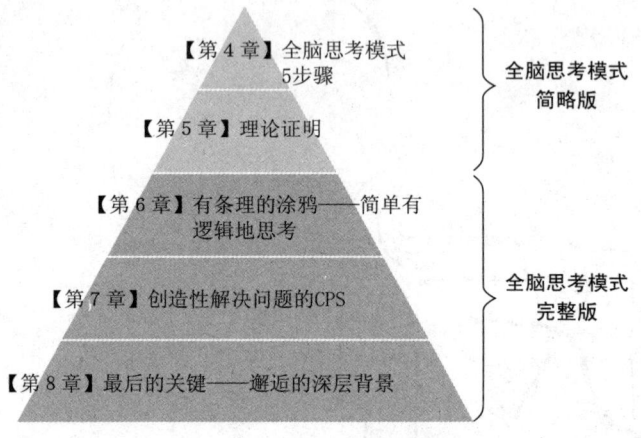

表4-4 全脑思考模式体系图

实际上，您在梳理普通的想法时，用简略版就足够了。特别是如果习惯了以后，您就能够凭直觉明白要点，所以只要15～30分钟就能够得出高质量的思考。

完整版一般不用于个人的思考，当您为了率领团队而必须做企划演说时，或是想推出连自己也很震惊的创意、制作影响世界的企划时，完整版能够发挥非常强大的作用。使用完整版平均要花费2～3小时。但是这段时间非常愉快，它会让您忘记时间的流逝。

在第6章到第8章说明的内容，即使不作为全脑思考模式的一个环节使用，也都是很有效果的方法论。人们总是认为逻辑思考很困难，但是实际上它的操作就像收拾屋子一样自然。而得到跳出框框的有创意的想法实际上就像小学生画明信片一样简单。而为他人劳动，是最能够带来报酬的。这些您都能够从中感受到。

全脑思考模式——简略版的5步骤

终于要分享全脑思考模式的5步骤了。为了让大家能够从更接近实践的角度了解流程，我将第2章采用的"毛毛球事业计划"作为课题。

简略版的步骤有5个。至于为什么会是这个顺序，是因为它们有各自的逻辑背景，对比我想在下一章进行说明。希望大家现在先抓住流程。

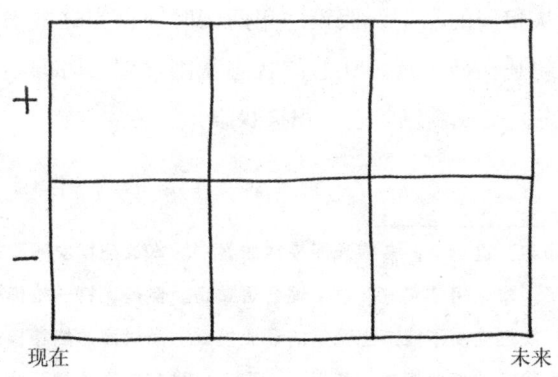

表4-5　全脑思考的准备

【步骤0】 全脑思考的准备

首先请像表4-5那样，画一个长方形。

虽然这个图表很简单，但是它包含了商业的普遍原则。希望大家注意两边的标签。横轴表示时间，而纵轴则表示状态的变化。

在事业上，您的工作会实现以下的变化。

> 通过商品和服务，让顾客[①]从"现在，不满意状态（消极状态）"变成"未来，满意状态（积极状态）"（120%HAPPY的状态）。

这个原则没有例外。因为，如果不能达到这一点，顾客就不可能为他所期待的变化支付等价报酬。您手上现在拿着的这本书也是遵从相同的法则。假设您用两天时间读完这本书，那么我需要做的就是在两天后，让您的状态从刚拿到书时的不满意状态（消极状态）变成满意状态（积极状态）。

注： ① "顾客"这个词，多指长期来往的客户。本章把初次购买的人也包括进去了，本来用"买方"这个词会更贴切。但是，打一枪换一个地方的这种一次性交易不能产生稳定的事业模式。面对面的能够持久的交易才能产生稳定的事业模式。基于这一观点，我在这里故意使用了"顾客"这个词。

当然，您也不会认为两天后，当您读完这本书的时候，就能够在事业上获得成功。但是，作为支付本书的等价报酬，您应该会期待在两天后得到"将来成为真正的自己时必需的信息"。如果这本书不能充分地回应您的期待，或许您会马上把这本书拿到旧书店卖了，再也不看我写的书了吧。

顾客对期待变化等价支付。所以即使卖方能够暂时勾起买方的期待，欺骗买方，这么做的企业也必定会破产。特别是在知识社会中，信息以极快的速度循环。因为谁也无法隔绝人们的不满，所以事业陷入瘫痪也要不了多长时间。

您或许会认为这个原则是一个大前提，而每个人都在实践它。但是现实情况是不同的。随着事业变得越来越复杂，人们完全忘记了这一点。特别是由于出生年代不同，商业的第一优先顺序也不同：有些人认为是社会贡献，有些人认为是利益，有些人认为是实现自我。多种价值观交织在一起。我们要顺利推进事业，就有必要在推进工作的过程中，频繁地回到这个普遍原则中去。

这个变化的图表，虽然表示的是单纯的原则，但是却能够发挥意想之外的效果。这是因为在横轴上设定了让顾客满意的具体期限。用毛毛球事业来看，就是思考在购买之后，顾客要花多长时间才能够达到"满意的状态"，对此设定一个具体期限。假设购买后，客户感觉到变化的合理时间是3个星期，您会认真考虑：在截止日期之前，如何超越顾客的期待。没有期限的思考，就如同没有期限的作业，很难完成。

还需要补充的是，在运用这个图表的时候，您把"未来，满意状态（积极状态）"替换成120%HAPPY的状态就可以了。因为，要创造出知识社会中事业的第5原则<分享心情故事>，不仅要满足顾客的期望，还需要用心超越顾客的期待。

如果把计划定为100%满足，你的商品就只是与顾客支付的金额交换，顾客并不会产生感动，也就没有必要特地把它写进博客里，没有必要邀请朋友与熟人再次尝试。但是，当通过商品与服务得到的体验远远大于自己的期待时，根据心理学上的补偿法则，顾客总想返还一些东西。这种善意的循环成了原动力，促使企业采取行动、促进事业成长。

【步骤1】顾客的未来

步骤1详细描写在未来，顾客的120%HAPPY的状态。操作大致分为两部分。

要进行的操作很简单。在图表的右上方画上顾客快乐的身影的插图。如果对自己的画没有信心，画一个笑脸就可以了。

重要的是，你要一边问自己"我的这个工作，究竟想让谁变得开心？"一边画插图。**漫不经心地考虑，您想要取悦的特定的人就会浮现出来。**

请试着画这些人的笑脸：即使您觉得他和商品与事业没有直接的关系，但是当您想象到这个人购买商品时，自己就激动不已。当有了"激动不已"这样愉悦的情感，您的干劲与注意力就会提高，也更容易引发创造性。如果可能的话，请您尽量举一个具体的名字。这样在后面的环节中也更容易浮现出有关这个人的详尽印象。

相反地，您不能在这个阶段提出抽象的概念。比如说，我希望您别举出营销学的专用术语如M2、F2层（译者注：35至49岁的男女，在日本原本是用来统计收视率的词语）等。因为对于大多数人来说，他们的心思会跑到理解术语上，而想象具体的顾客形象这件事就会往后拖延。正因为这个环节是要创造一个抽象的概念，在这个阶段的思考更应该尽量使用具体的、源于身体感觉的思考。

接下来的环节就是要给插画添上对白。我们要考虑120%满足的客户会如何表现他的喜悦。比如说"我试用了一下。○○○○真了不起呀。""还有这样的公司。真让人因为○○○○而感动"。

这里重要的是，要想象顾客未来的身影的多个侧面。为此，从接下来的VAKFM的观点出发，我们就能够顺利地想出过去没有注意到的客户的立体姿态。

V（Visual）：视觉。请您想象浮现在眼前的东西。他在哪儿开心？他的喜悦又是表现给谁看的？而对方又是什么反应？

A（Auditory）：听觉。请您想象耳朵听到的声音。他具体说了哪些话？他的声音又是怎样的感觉？是喊叫声，还是笑声？

K（Kinesthetic）：感觉。顾客沉浸在什么感情中？心会怦怦跳吗？会感动得掉眼泪吗？着急吗，还是很悠闲？

F（Fame）：声誉。您会得到怎样的声誉、评价？同事是否对您刮目相看？媒体采访您了吗？

M（Money）：金钱。想象一下会得到什么报酬。得到外快、临时收入了吗？升职了吗？年收入大幅度增加了吗？

通过像上面描述的那样展开形象的多个侧面，我们就能够更深刻地理解顾客的真实需求。

步骤1适用于毛毛球事业的时候，全脑思考模式图表就变成图表4-6。

这个结果是在我开办的全脑思考模式的学习会上，某位参加者实际写出的东西。

他想"取悦"的顾客，是自己的女儿。女儿是小学五年级的学生，为了升学考试，开始上辅导班。但是她还没有养成学习的习惯。女儿拿到毛毛球的三周后，达到120%HAPPY，这个状态究竟是怎样的呢？他根据VAKFM考虑了一下。

V：首先，考试的结果不错。她和母亲一起开心。

A：母亲对她说"你真努力呀。"而她则笑嘻嘻地回答说"读书也挺开心的……"

K：信心如泉水不断涌现。温馨的氛围在家人中蔓延开来。

F：老师给女儿很高的评价。

M：（因为是小孩子。这么说不太合适，不过）过生日的时候可以给我一个贵一点的礼物吗？

怎么样？顾客的身影逐渐变得立体化了吧？

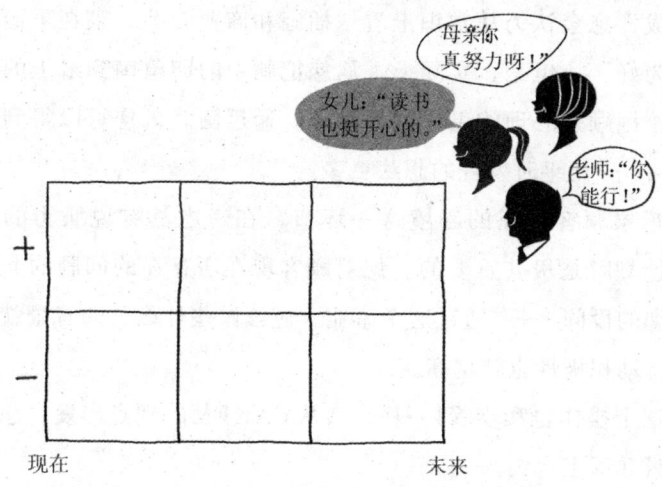

表4-6　顾客的未来

在这个阶段，重要的是决定顾客是谁，以及想象在120%HAPPY的未来，顾客究竟"和谁""怎样""说了什么"。

但是现阶段即使不能把所有的东西都确定下来，这也不是大问题。全脑思考模式就像拼图一样，先从明白的地方下手就可以了。不用介意，向下一步迈进吧。

【步骤2】顾客的现在

与步骤1相同的操作，这次在"现在"这个时刻进行。

首先，目前，在步骤1浮现的同一个顾客由于一些原因不满意。所以像表4-7一样，在左下角画上他的表情。试着画细腻的表情也是很有趣的事情吧。

或许您会认为从常识上看"插画和商业无关，别在上面浪费时间为好"。但是，实际上，从您把脑中的印象画到纸上的那一刻，挖掘顾客心理的工作就开始了。通过画画，您可以得到更多的东西——比平时发现的想法更多。

想象顾客现在的心境这一环节，在考虑具有说服力的市场营销计划时是极其重要的。您对顾客现在所存在的问题的共鸣越强，您的设问——"通过这个事业，应该做些什么"的背景就越明确，行动积极性也就越高。

这个操作也和步骤1一样，请从VAKFM的观点出发，想象一个场景并添上台词。

我们依旧以刚才那个学习会参加者的想法为例。

V：女儿不会做作业，正在发脾气。不知道该如何学习，乱扔本子和铅笔，开始和母亲顶嘴。

A：母亲说："坐正了。冷静一点，一道题一道题慢慢做就可以了。"而女儿则哭丧着脸说："人家已经累了，所以坐不正。"

K：气氛很紧张。表情变僵硬。

F：辅导班的老师暗示说："或许您的孩子存在学习障碍。"

M：（因为是小孩子，这么说不太合适，不过）孩子没有养成学习的习惯，转向玩游戏，现在只能把玩具没收了。

步骤0到2的操作看上去很简单，但实际上它已经导出相当多的信息。具体来说，我们通过之前的操作就能够开始把握"让顾客开心的合理时间""自己能够移入感情的对象""顾客存在的问题"以及"让顾客实现满足的具体目标"等信息。如果想要从客观的调查中得出这么多的信息，需要花费非常多的时间。但是，在构建假说的阶段，通过使用全脑思考模式，我们从自己积累的经验中导出的信息就具有很大的价值。

通常的调查很难把握感情方面的信息。然而全脑思考模式却能够以感情为中心深入挖掘信息。这就是开始站在对方的立场上审视新的现实，它实现了U型理论的第三层次也就是产生了思考的共鸣。这样一来，您就不是单方面地从供给者的角度思考事业战略，而是打下了与顾客共同演绎优秀事业战略的基础。

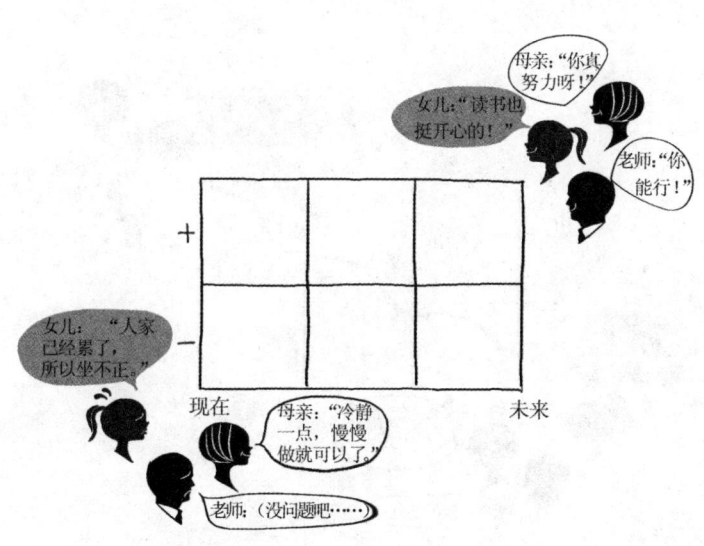

表4-7　顾客的现在

【步骤3】全脑思考的高潮

步骤3也有2个步骤。先像表4-8那样，画出顾客从"现在不满意的状态"上升到"将来120%HAPPY的状态"要走的路。

这个过程并不是从顾客现在的状况，直接上升到未来的快乐状态。像图表显示的那样，一条蜿蜒曲折的道路才是现实的。在发生有价值的变化时，必定会有一些时候倒退到过去的状态。这跟减肥是一样的道理。虽然有时会遇到挫折，但是当您克服了艰辛，养成习惯时，就开始显现效果了。

如此这般，用现实的观点看问题，这对自我投影型消费事业来说是极其重要的。因为，如果卖方销售完商品之后，就会想

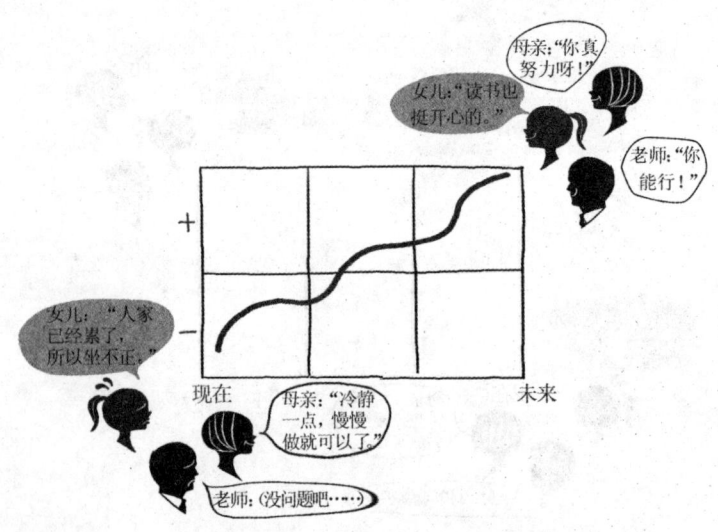

表4-8　全脑思考的高潮①

120

当然地认为，顾客能够立刻从商品中受益而感到满足。实际上，顾客并不会马上就从商品中受益。如果是生活充足型消费与自我炫耀型消费的话，只要买到东西就能够满足。但是自我投影型消费，是为了变成未来的自己而做的投资，所以购买的时刻是一个开端。为此，卖方如果没有想到销售后买方会走的路，就不能创造出很高的商品价值。

比如说，在上一章，我们提到了行驶40万千米的NSX车主的心情故事。这个事例就是在购买的这个时刻，受益并未结束。它表明顾客和商品共同成长的过程才是重要的受益过程。其背景就是，即使车身变旧了，也有一项叫作刷新计划的服务能够把汽车翻修得无限接近新车。也就是说，这是预先设计好的商品，能够让人们体验汽车与车主在几十年里共同成长的故事。

对于这样直接给予客户好处的直线型企业来说，只要找到好的突破点，企业就能够顺利成长。而另一方面，人们也注意到：那些走曲折路线的企业，正因为与顾客有若干个接触点，才能够让顾客感受到产品的价值。于是您就会恍然大悟了，"没有好的切入点吗"这种问题其实是没有任何意义的，"好的切入点""好的概念"都要在整个框架形成之后才会找到。如果连蛋糕都没有，自然就找不到下刀的地方。

这个环节结束之后，接下来就是最令人振奋的阶段了。我们终于可以开始考虑高潮部分了。

所谓高潮部分就是"要让顾客120%HAPPY，找到最为直接的契机"。这时的典型反应就是恍然大悟："原来如此，想要

○○的话，这么做就可以了。"于是我们开始研究具体的行动方法。比如说，如果是商品企划，它能让客户高兴得跳起来，大呼："没错，这正是我们公司想开发的产品。"如果是事业计划，实施之后，能让企业一口气就达到最终目标。如果是企划书，当这一页说明结束之后，会议室的气氛就会突然热烈起来。

为什么说在这个阶段考虑高潮是很重要的呢？正如常识那样，反复从"现在"思考"未来"的过程中，得到的想法就极其容易受到过去的影响，成为过去的延续。如果要让想法不成为过去的延续，而是一个非连续性的想法，最佳方法就是从高潮开始考虑。

接下来我们就拿毛毛球事业为例吧。

或许您会认为"一上来就让人考虑高潮部分也很困难呀"。但是实际上，这方面的准备已经非常充分了。因为全脑思考模式深入挖掘了客户的内心变化，所以您得到的提示比您想象的要多。让我们一边想象自己拍案叫绝、恍然大悟的场面，一边开始思考吧。

根据学习会的参加者的讨论，思考如下展开。

三周后，女儿的考试成绩明显提高了。而且她也感觉到学习是一件很快乐的事情。而能够与这个巨大的变化直接联系的事件就是母亲送给了女儿毛毛球。

考试成绩提高了就说明孩子变得能够集中精力学习了。而原本说过的姿势不端正的问题，因为学习变得愉快起来，姿势也就不成为问题了。

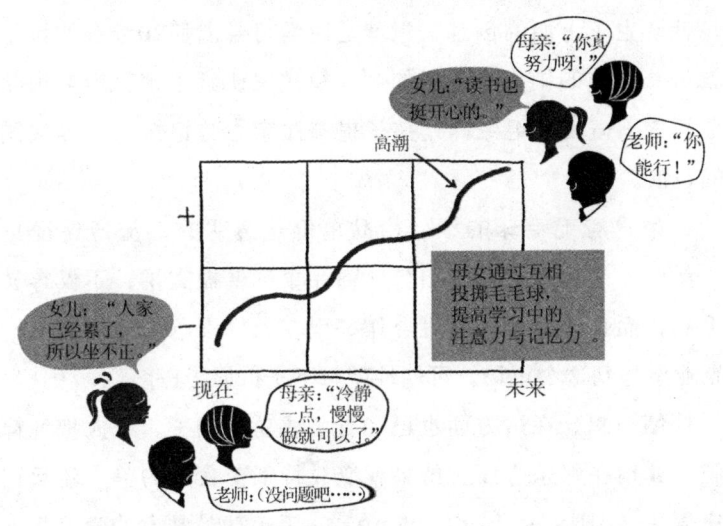

表4-9　全脑思考的高潮②

　　也就是说，女儿以某种形式利用毛毛球开始学习。

　　仔细想一想，突然让过去没有坐着学习的习惯的孩子们坐在桌子前学习，这确实是很困难的。如果用毛毛球来促进孩子们养成学习的习惯又会如何呢？

　　因为听说过人在运动时记忆力会增强。所以，或许也存在有关毛毛球的教材或是电视节目，可以让母子通过互相投掷球来完成小测试。比如说，母亲提问的时候抛出球，孩子要尽快回答。这样，孩子的姿势会变好，课文也容易背诵了。

◆　◆　◆

　　当然讨论的时候，内容还是会东跑西蹿，但是最终整理之后，就产生了上面的创意。也就是说学习会上那20分钟的讨论结果就是从单纯的销售毛毛球的商业模式飞跃到了销售学习用品的商业模式——使用毛毛球让孩子提高注意力与记忆力，养成爱学习的习惯。

如果只有毛毛球的话，商品单价是透明的，流通途径也有限。然而如果和教材成套出售，商品单价就提高了，不仅容易获取毛利，而且还能和辅导班合作。现在教育市场的规模很大，如果企业参与到这个市场，可能性就一下子扩展了许多。

仔细一想，在这方面也已经有了成功的例子。有人把纯粹的减肥工具用在娱乐方面，结果就变成特别受欢迎的美式新兵训练营瘦身法（Billy's Boot camp）。毛毛球就是它的学习版。我们也可以开发出一个能够用橡胶球来享受学习的项目，在前面冠上开发者的名字"斯科特学习训练营"进行销售就可以了。就是这么回事。

从现在出发的构思，会在超越顾客的期待前失速

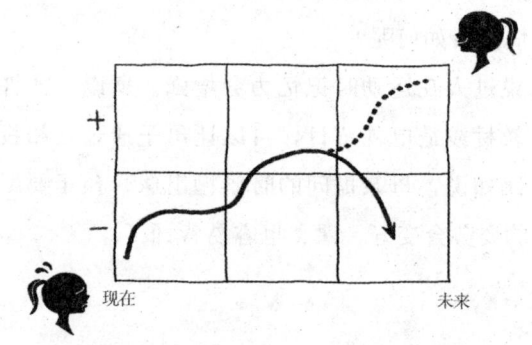

表4-10 从现在出发的构思会产生低收益的事业

124

如果用竞争战略的策划框架，是得不出这些创意的。因为，它始终是从现状分析出发，在确认是否有市场上花费了太多时间。结果，它虽然能够分析"现在怎样"，却很难发现"将来怎么办"。

同时，改变事业模式自身这种非连续性想法正是从"高潮"开始回溯才能得到的。通常情况下，人们会基于现状思考，最后就会变成改善现有的毛毛球的销售方法。结果，商品无法充分实现顾客所期待的积极转变，事业就会在中途失速、遇到挫折。这时候要扩大事业，企业就只能降低商品价格，以此来下调顾客的期待值。您看图表就能够明白，价格能否正当化取决于企业是否为顾客而思考、为顾客而行动。

【步骤4】灵感三级跳

在想出了关于高潮的创意之后，就要考虑在向高潮攀登的过程中，阶段性地找出创意。综合起来有3个创意的话，结构的稳定性会更好，所以我们称之为"灵感三级跳"。

把这个阶段转化为图表，就像表4-11那样。

正如您看了图表后理解的那样，企业以高潮为目标，提供信息与体验，让顾客的认识超越"啊""哦"的阶段并不断加深。在各自的阶段中，我们能够像图表显示的那样，给出详细的定义。但是在实际运用时，没有必要做得这么严密。相反地，与其套用定义，不如从"啊""哦"这些语感出发，不断展开创意。

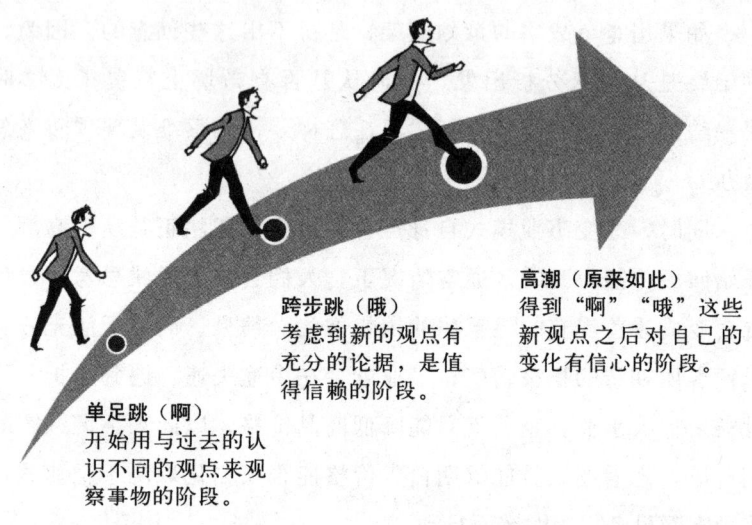

高潮（原来如此）
得到"啊""哦"这些
新观点之后对自己的
变化有信心的阶段。

跨步跳（哦）
考虑到新的观点有
充分的论据，是值
得信赖的阶段。

单足跳（啊）
开始用与过去的认
识不同的观点来观
察事物的阶段。

表4-11　灵感三级跳

　　另外，关于从"啊""哦"的哪个阶段开始有序地思考，这
是您的自由。最好在发展到"原来如此"之前的"哦"开始想比
较好。但是，如果您刚好想到了"啊"的创意，那也没有必要把
它延后。只要简单地把创意的碎片镶嵌到它的位置上就可以。就
像拼图一样，从知道的小片开始按顺序套进去，整体图就会很快
地展现在我们面前。

　　那么毛毛球事业的步骤4又是怎样的呢？

　　·"哦"：科学地说明为什么只是用橡胶丝做成的球却能够
有效地提高注意力。在运动中学习能够提高注意力，医师以及美
国的教育学者已经证实了这一理论。所以这一阶段的策划负责人

不仅要用浅显易懂的话说明专家们的论文，还要播放孩子们通过使用毛毛球提高了注意力、提高了成绩的影像资料。

·"啊"：说明毛毛球产生的背景和使用方法。它不是单纯的玩具，它可以提高那些不能静下心来学习的孩子们的注意力。它的效果已经得到认可。策划负责人要针对这一点进行说明。再把焦点放在学习上，进行解释说明。

当然，关于这个灵感三级跳，并没有一个固定的模式。每个人掌握的商业知识和为人处事上的不同经验，在使用全脑思考模式得出的创意时也大为不同。您或许会因此感到担心，担心那些缺乏经验的人不能想出良好的创意。

在全脑思考模式中，同其他所有的商业方法一样，也存在这种局限性。但是，根据我的观察，在大多数情况下，即使是商业经验浅的人也可以想出有效的创意。因为想让某个人幸福——这种情感与是否有商业经验无关。如果想取悦的人具体到了名字，那么谁都能够提出一份有一定水准的企划案。

而且，即使商业经验不多，您也要尽量思考自己能够执行的创意。因为比起那些自己无法理解的正确创意，通过自己思考之后得出的创意可行性更高。

【步骤5】开场

终于到了最后的步骤——开场了。开场是非常重要的操作，它提供给顾客的是最初的信息和体验。正如人们大多是在电影开场时就判断作品的好坏一样，对于有多项选择的顾客来说，对某项事业的兴趣也是在开场时判断的。

要想出好的开场也需要技巧，那就是考虑与高潮相对应的内容。这是编故事的一般规律。比如说，如果是推理片，高潮就是揭开杀人事件真相的场景，而开场就是犯人行凶的场面；如果是爱情片，高潮就是幸福无比的接吻场景的话，开场就是处于失恋的深渊的场景。

这个替换成商业上的创意，又会变得怎样呢？

毛毛球项目的高潮是母子一边玩接球游戏，一边快乐地学习。于是，在您的脑海里能够浮现的开场就是一个孩子在房间里无法集中注意力去学习。父母看了孩子的成绩单，决定让孩子去上辅导班，心里却还是担忧。

针对与高潮相对应的开场展开想象之后，在学习会上，就出现了这样的进展：可以采取下面的宣传方式："您的孩子无法集中注意力学习，这不是孩子的错，也不是您的错，而是因为头脑反应快的孩子如果不通过运动来学习，就会感觉很痛苦。"

所以，开场首先要做的不是让顾客获得具体的体验，而是传递那些吸引顾客关注自己产品的信息，抓住顾客关心的事情。当明确了需要传递给顾客的信息之后，推进事业需要迈出的第一步也就变得明确了。

比如，这迈出的一步或许就是去调查：让孩子们养成学习习惯需要哪些过程；亲子之间的交流在养成学习习惯的过程中又会发挥什么样的作用。结果，您就会发现：通过亲子之间的交流促进学习这一领域尽管很重要，却没有人注意到它是蕴藏巨大需求的市场。

这样，把全脑思考模式的5个步骤运用到毛毛球项目上之后，在考虑到要让客户变得120%HAPPY的故事时，我们反而能够看出，卖方需要给顾客提供哪些信息、积累哪些行动。人们常常说"站在顾客的角度上考虑问题"，但是，通常3秒钟之后，又会从卖方的角度考虑问题。但是如果使用全脑思考模式，就能够轻松地从顾客的角度来思考。

著名的广告撰稿人罗伯特·科里尔曾说过："一张照片胜过100句话。但是在头脑中形成的一个形象胜过100张照片。"

全脑思考模式就是让顾客在头脑中组建形象的方法。

【案例】策划iMindMap软件的销售方案

现在为了让大家更好地理解全脑思考模式的整体图，我们来实况转播一下使用全脑思考模式的会议。会议的目的是策划iMindMap的销售方案。iMindMap是一款描绘思维导图的软件。

思维导图是英国教育家托尼·巴赞开发的用大脑做笔记的方法。它就像树木朝着四周伸展枝叶一样，把创意用放射状的图形记录下来。iMindMap是开发者托尼·巴赞公认的唯一能够真正实现思维导图效果的软件。

虽然说会议是打着销售方案会议的旗号召开的，然而，实际上与会者却没有充分理解会议的目的。很明显，项目全体成员的步调并不一致。所以，他们看不到眼前工作的开展态势。

大家在重重迷雾中徘徊，会议就在这种情况下开始了。

◆ ◆ ◆

虽然是周六，我今天也去上班了。

会议室里到了10个人。

与会者的工作、职位、年纪等个人背景都不同，既有刚毕业的策划人，也有营销高手；既有大型电脑公司里负责开发的人，也有电视购物公司的电子杂志撰稿人。而且还有注册会计师。

大家的共同点只有一个：脑子里都是一头雾水。

大家应该明白，开会的目的无非就是销售电脑软件。但是大家都努力工作，心里却不是十分清楚。虽然拼命地工作，却频繁发生无法预期的事情，与其他的负责人谈不到一起：在发售时间上有分歧，在销售计划上有分歧，在促销计划上有意见分歧，而且在设计的方向上还是有分歧。

在不明确为什么召开会议的背景下，参加者们开始报告各自工作中遇到的问题。

结果，导致会议缺乏主题和方向。虽然知道目前要做的工作，但是不明白这个工作会朝什么方向发展。众人都只顾拼命完成自己手头的工作，和别人的意见有分歧或是工作不协调的时候，大家的处理方法都是视而不见。

这时候，我提出了一个建议。

"现在我们先把实际的工作放到一边，试着考虑一下iMindMap事业的5年计划吧。"

会议室里的气氛一下子凝重起来。底下开始悄悄地议论。

"确实有一个长期计划会更好……但是只有3个小时,应该想不出什么好的计划……"

"这样的话,会议最后只会停留在表面,无果而终。难得的休息日也就浪费了。"

"存在即是合理。"这时候能做的事情就只有一件:在这个瞬间要赢得大家的信任。于是我用记号笔画出了全脑思考模式的图表。

首先是步骤0的准备阶段。即使我开始画笑脸的插图,会议参加者僵硬的表情也一点都没有变化。

我就问了其中资历最浅的年轻女职员田中女士。

"通过使用iMindMap,五年以后变成120%HAPPY的人是谁呢?"

"我认为恐怕M2层是主要的目标。"

田中女士用严肃的声音回答道。

M2层,确实指的是从35~49岁的男性阶层。最近的职员用的都是我不知道的专业术语。作为上司为了保住威严,我就装作知道这一点。继续深入话题。

"嗯,这确实是一个好点子。但是我现在希望您能想到一个具体的人。最好能够具体到一个有名有姓的人。这个人用了iMindMap,就会变得120%HAPPY。您首先想到的人是谁?"

"大西益夫先生。"

会议室里的人眯起了眼,心里在想:"他是谁?"

"大学时代的学长。很久没见面了，前几天突然就碰上了……或许是这样吧。第一个想到的是他的脸。"

于是我在右上角的笑脸里写上"大西益夫"。

"大西益夫先生五年后变得120%HAPPY时，他是什么样的感受呢？"

她似乎不明白我提问的意图，显得很困惑。这次我等了很久，她都没有回答。于是我换了个方式提问。

"那么我希望您告诉我，在会场里，谁的感觉和大西先生最接近？"

她认真环视了一周，回答说：

"是金子先生。"

理由是金子先生和大西先生一样是四十多岁，而且戴着眼镜。

"那么，金子先生，接下来希望您能为我们表演一个短剧。请您扮演大西益夫先生的角色。短剧的场景是，五年后，大西先生遇到田中女士的情景。那时候大西先生已经变得120%HAPPY了。请用肢体语言来表达这份喜悦，不需要台词，也就是表演哑剧。请无声地表达出喜悦之情。"

不用考虑台词，而且是用肢体语言来表现。金子先生觉得这个想法很有趣，开始认真展示他的演技。大家看到他那夸张的表演，哄堂大笑。大家已经忘记自己是在开会。

我就进行下一个环节——步骤1的添加台词。

"田中女士，那么请您想象一下大西先生说了什么。他是用哪些词汇表达自己的喜悦呢？"

田中女士这次没有任何犹豫地说：

"太好了！多亏了你呀！对，他就是这么说的。"

"究竟是什么太好了呢？"底下的人又在想。

田中女士的回答和大家预想的不一样。

"女儿考上了大学。现在还是中学生，但是四年以后就会成为大学生。大西先生为女儿考上了大学而开心。"

我心里想："原来如此……意外的发展。这究竟是怎样联系在一起的呢？"

我心里有些不安，但是并没有在脸上表现出来。总之，步骤1顾客的未来这一环节已经结束了。全脑思考模式的好处就是结果所需要的问题全都包括在模式内了，所以即使中途绕了点路，也还是能够达到目标的。于是我把话题推进到步骤2的"顾客的现在"。

"现在的大西先生为什么烦恼呢？"

"现在总之很忙碌。每天勤勤恳恳地工作，但是不知道自己的工作有什么意义。他是一个非常好的人，很认真、很有能力，但是即使再这么努力工作下去，他也只会被埋没。也就是说，他对工作本身感到烦恼。"

"具体地写成对白，会是怎样的呢？"

她回答我的问题时，仿佛大西先生就坐在边上。

"总之很累……每天被电子邮件追着跑……拼命工作，却看不到未来。"

大西先生——正像是登上知识蟹工船的阿忒拉斯。

销售iMindMap的3小时创意

"那么我们进入下一个步骤。"

我虽然说得很起劲，其实心里是很困惑的。那时因为我想着这个流程或许会失败，所以心里的不安越来越强烈。女儿考上大学和新时代的阿忒拉斯——大西先生的烦恼，这两个事件如何用iMindMap联系起来？怎样才能进一步把它们带入到5年计划中去？

终于进行到步骤3，该考虑高潮部分了。我和刚才一样，假装平静地推进话题，但是背上已经开始冒冷汗。

"那么，4年后会发生一件事，它是大西先生的女儿考上大学的直接原因。您认为是什么事件呢？"

"……一定是备战高考的女儿对大西先生使用的iMindMap产生了兴趣。我想，她女儿的成绩会因此而开始提高。大西先生或许会用iMindMap帮女儿整理历史课本的知识点吧……"

"原来如此。但是，然后呢？"

田中女士打断我的话继续说：

"但是……同时，我想这也成为一个契机，增进大西先生的自信。而后公司让他负责一项事业——他成了事业部的部长。这一定是高潮部分。"

虽然这只是想象出来的事情，然而大西先生的命运开始好转之后，会议室中的气氛也不那么沉重了。我展开了下一个环节：步骤4的"灵感3级跳"。

或许是因为与会者在大脑中勾勒出了大西先生的形象，他们积极地发表各种意见。将他们的发言整理之后，结果如下：

　　"啊"是一年后。大西先生试着用iMindMap给自己做了一份5年计划。结果他在时间分配上得心应手，也不再被工作追着跑，还能抽出一块自我学习的时间。

　　"哦"是两年半以后。大西先生用iMindMap做出的策划案被公司采用。

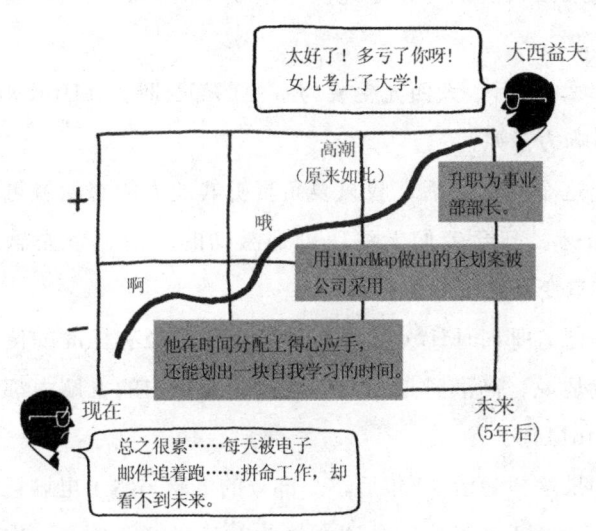

表4-12　运用iMindMap做出成功的5年计划

看着刚刚完成的图表，我再次感到困惑：原本我们的课题是iMindMap事业的5年计划，但是现在看到的却是大西益夫先生的人生5年计划。

虽然这个过程很快乐，但是或许花费的时间就浪费了。大家会感到不安也是理所当然的。但是会议室的氛围并不是这样。我们已经感觉到重点就要破茧而出。

不知道是谁说了一句：

"在这背后，有iMindMap事业的成长。这么想就可以了吧。"

会场又陷入沉默，但是这次不是漠不关心的沉默，而是全体同意的沉默。

"那么4年后，大西先生成为事业部部长时，iMindMap具有多大的影响力了呢？"

抛出这个问题之后，我只要负责听其他人的想法就可以了。真是轻松呀。与会者们无法压抑那激动的心情，争先恐后地发言。会议室变得热闹非凡。

"我想，那时iMindMap在商界应该已经有标准的使用方法了。也就是说，高潮时期，面向主要商业用户的电脑中都预先安装了iMindMap。"

"如果这样的话，3年后，一部分的电脑与掌上电脑已经预先安装了iMindMap。特别是这个软件有手写识别功能，作为发挥平板电脑效果的软件来说，它是最理想不过的。"

"一年后，大西先生用iMindMap编写人生计划。考虑到这一点，我们不能只是销售软件。我们要把积累的经验回馈给客户，比如举办专门的活动。也就是说，我们不是销售软件，而是提供知识创造的突破口。"

"提供知识创造的突破口"这句话把会场的迷雾一扫而光。我们过去做的东西并不是白费工夫，而是与未来密切联系的。会议室里所有的人都开始这么认为。

"……这么说的话，开发者克里斯·格里菲斯先生曾经这样说过。"

当参加者的发言告一段落时，日本方面的开发负责人细声说：

"电脑是便利的东西，也是危险的。因为人类自由的思考被强制地灌到电脑软件中，人们不经意间就被机器制约。克里斯·格里菲期是天才程序员，而他却断定当下的电脑的存在是危险的。说实话，这一点，非常令人吃惊。

他因为家庭原因，从高中开始就必须编写程序自己赚学费。而且他还推动自己的公司上市。但是在培养孩子的时候，他对当下的电脑的存在方式产生了疑惑。结果，他卖掉自己的公司，自费研制了一套软件，这就是iMindMap。"

每个人都在心里仔细斟酌他的发言。

"也就是……为了构建一个对于未来的孩子们来说，不危险的IT社会，需要iMindMap。"

"所以大西先生的女儿的形象才被设定成这样……"

有孩子的职员们开始交谈。

会议室里窃窃私语，时间悄悄地流逝。而且我们感觉自己正被卷入大漩涡之中。会议室变成与几小时前截然不同的空间。

"高潮的事件发生在4年后，那么5年后的目标该怎么办呢？"

这样提问之后，会场里仿佛奏起了和谐的乐章。

"既然都到了这一步，剩下的就是快速扩张了吧。"

"恐怕不仅是电脑与电话，在其他电子设备上，iMindMap也作为用户界面运用开来了吧。iMindMap能够提纲挈领，搜索性能也很优异，它是进行有机搜索最适合的界面了，就像用手指点击触摸屏上的地图一样。"

"也就是说，在所有的数码设备上装载iMindMap。"

"这可能吗？"

我想，或许有人会说"不可能吧"。但是，在那之前我听到了充满自信的声音：

"我觉得非常可能。我们已经和一部分的厂家在接洽了……"

感受到全体与会者的自信之后，我像恶作剧似的转变了话题。

"这样啊。那么，我们考虑一下项目的名称吧。"

有人苦笑了一下，但这是一种快乐的信号：庆幸自己在现场。

"是啊。叫'所有的数码设备上都装载iMindMap'怎样？"

"用英文的话，就是iMindMap in All Digital Devices？"

"如果取第一个字母就是IMMADD吧。这也不行。没法读。"

"如果是All的意思，还有OMNI这个词。是拉丁语吧。"

"OMNI项目吗？""OMNI不是'给大西益夫的

iMindMap'的缩写吗？"（译者注：日语中大西益夫的读音是
OONISHI MASUO ，表示动作对象的助词是NI，OONISHI
MASUO NI iMindMap缩写就是OMNI）

"既然关键的第一步已经决定了，就是给大西先生
iMindMap作为礼物。田中女士，这就拜托你了。"

大家不约而同地笑了出来，明快的笑声回荡在会议室内。

在这个瞬间，每个人都听到了小齿轮运转的声音，而且每个
人都看到了小齿轮带动大物件的光景。

之后我们就进入带入数据的环节。所用到的数据与以前的数
据完全不同。这个数据不是无机质的存在，而是开始成为有生命
的存在。

在会议室里所有的人都认识到：事业计划的数据不是实现利
润的数字游戏，而是为了让身边的某些人开心的数据；是要编织
对自己有价值的故事所必需的数据。

像这样，全脑思考模式意外地从主观的对话中，创造了客观
性强而且有自我认同感的商业计划。而且会议的中心人物是没有
什么商业经验的新职员，会议的时间是3个小时。在这3小时内，
我们描绘了5年后的未来的事业计划，还实现了愿景的统一和共
享。愿景的统一和共享往往是会议中最困难的部分。

究竟为什么这张图表能从日常的对话中提炼如此富有创造性
且可行性高的创意呢？

实际上，在这张普通的图表中，凝聚着各种苦功。设计这张图表的目的就是让创意超越框架，将创意从偶然变成必然。

这一幅图表里头，究竟藏着哪些机制呢？在下一章中，我们会说明全脑思考模式催生结果与行动的三个原则。

第5章

引发构思·行动·结果的故事法则

　　人们或许认为商业与故事毫无关系。但是，全球著名的管理者却断言说，编织故事的方法是自己最大的长处。

　　至于为什么编织故事能够提升CEO的价值，只要稍微考虑一下，您就会马上明白。CEO的工作是提升股票价格。但是，决定股价的是，人们预测到将来的现金流。当投资者对公司的成长抱有信心时，就会购入该公司的股票，股价也就会上涨。

　　而决定这信心的关键就是CEO所讲述的关于公司未来的那些大胆并具有现实性的故事。

逻辑＋故事＝∞

推动事业向前发展有两个方法：逻辑与故事。

人们对第一个方法进行了许多研究，认为它非常可靠。而人们认为第二个方法与商业毫无关系，所以直到最近都没有对它进行什么研究。

我们把这两个方法都运用到毛毛球项目的提案中去，就得到如下结果：

A："我要向大家说明的是毛毛球项目的商业战略。首先，我向大家说明本公司的目标客户与公司定位，这是我们进行市场分析与竞争对手分析之后得出的结果。其次，为了保障产品的持久竞争力，我们进行了SWOT（态势分析法）分析。现在向大家说明我们选出的KSF（关键成功因素）……"

B："实际上，我家孩子已经读初中了。可是他却没法子坐在桌前好好学习5分钟。但是自从他拿到毛毛球之后，却开始主动做作业了。这里面究竟发生了什么呢？我也不明白原因。我调查之后，发现毛毛球好像也可以作为益智玩具来使用。现在有不少家庭因为孩子不能养成学习习惯而倍感烦恼。如果包括那些没有公开的案例，这些家庭应该达到了相当的数量。如果我们把毛毛球和教材配套提供的话，该有多少孩子能够发挥出他们本身的能力呀。"

A是使用在商业学校学到的战略策划框架制作的模范型企划。与此相比，B像是商业的门外汉在一诉衷肠。

那么，A和B，究竟哪一个能够成为促进商业发展的原动力呢？

看到故事的人都想为他加把劲，也关注毛毛球事业。从这个意义上说，乍一看，似乎是B获胜……

正确答案是——双方都是必要的。我们不是要比较A的分析方式和B的故事方式哪一个更有效果。当我们把分析和故事双方都导入到企划中去的时候，商业就突然间像有了生命一样，变得充满活力。

当我们试着像下文一样把两篇文章结合起来，就能够实际感受到这两个方法合并之后的威力。

"首先我要向大家道歉，因为接下来要占用大家的时间先说一下我的私事。请允许我说明我想到这个项目提案的背景。实际上我家孩子已经是中学生了，但他却无法坐在桌子前好好学5分钟。然而当他拿到毛毛球之后，却开始主动做作业了。这里面究竟发生了什么呢？我也不明白原因。调查之后，我发现毛毛球好像也可以作为益智玩具来使用。现在有不少家庭因为孩子不能养成学习习惯而倍感烦恼。如果包括那些没有公开的案例，这些家庭应该达到了相当的数量。如果我们把毛毛球和教材配套上市的话，该有多少孩子能够发挥出他们本身的能力呀。

于是我就针对毛毛球的事业性试着进行客观调查。今天的提案就是在分析它的可行性后得出的结果。首先，向大家说明本公司的目标客户与公司定位。这是进行市场分析与竞争对手分析之后得出的结果。其次，为了确保竞争力的可持续性，我们进行了SWOT分析。现在向大家说明我们选出的KSF（关键成功因素）……最后，我想和大家分享参与毛毛球事业后的模拟收益。"

我想，您能够感觉到：仅仅是试着把2个方式拼在一起，提案的说服力就产生了巨大的变化。就像上面显示的那样，在商业上的个人体验也就是故事能够给人带来很大的冲击。虽然如此，至今为止却几乎没有人认真讨论要在商业中充分运用故事。

但是，在知识社会中，如果不在商业中活用故事，就必须要做好遇到障碍的准备。为什么呢？因为工作的价值观正变得多样化，不论高层制定了多么符合逻辑的战略，如果只有上司的命令，下属是不会行动的。因为，如果正确的战略背后没有故事，战略就渗透不下去。同时，要以顾客容易理解的形式传播知识社会的典型概念——看不见、摸不着、感觉不到的概念，如果只是罗列事实，就会寸步难行。

只有当故事里有与顾客重合的主人公或是顾客凭直觉能够理解的比喻的时候，企业的信息才能够传递到顾客的心里。企业为了获得顾客的支持，就有必要持续讲述那些能够让顾客把自己的人生投影进去的故事。

也就是说，在知识社会中，为了让自己运营的事业获得顾客提名、变成有魅力的事业，仅仅有正确的战略是完全不够的。从高层的经理到现场工作的职员，所有人员都必须有编新故事、讲故事的才能。全脑思考模式正是可以用最短的时间掌握这些技术的思考方法，也是能够共同创造故事的知性平台。

战略策划框架VS全脑思考模式

为了让大家更容易理解、运用全脑思考模式，我们把它和过去的战略策划框架做一个比较。

战略策划框架通过积累事实来寻找切合实际的解决办法。与此相比，全脑思考模式是从想要得到的结果倒推回去，写出解决问题的独特方法与整个过程的脚本。如果说，通过战略策划框架得出的结论，是写实记事文，描绘符合逻辑的框架，那么全脑思考模式就是故事，它面向理想的未来，调动自己与周围人的行动积极性。

分析还是HAPPY？

	战略策划框架	全脑思考模式（简略版）
整体基调	主要用黑白的直线表示	在直线的同时，也运用曲线和插图。甚至,运用色彩,让构思变得更丰富
解决问题的方法	从过去分析到未来。分析过去的数据，找出成功的关键，运用到未来中	从未来想象到现在。 想象一个让顾客喜悦的事件，倒过来推导这个事件的具体内容
目标顾客	在分析市场和竞争对手的基础上，设定最有可能购买的目标顾客	通过事业·商品，设定自己能够想象到的最喜悦的具体的顾客姓名
输出	逻辑可以说服每个人	令人激动不已的故事，每个人都想参加
对应的U型理论层次	第2层次 通过详细、正确地理解整个市场，找出结论	第3层次 以对某一个人的深入理解与共鸣为契机，展开思考
长处	可信度高 客观 正确	快速 快乐 容易
短处	根据目的的不同，有各种各样的框架，要正确地熟练运用它们需要很长时间	因为是从主观上展开的创意，故始终处于一个假设的阶段

表5-1　战略策划框架与全脑思考模式的区别

战略策划框架得出的战略符合逻辑。但是很遗憾，在知识社会中，由于前面所说的原因，它很难渗透到组织内部。哈佛大学商学院的大卫·J.科利斯教授在谈到企业战略时，对波特教授的战略论是这么评价的："没有针对战略的说明进行说明"。也就是说"他忘记了谈到更本质的问题（说明战略）"。这个意见不局限于波特先生的战略论，还适用于所有在竞争战略年代产生的战略策划框架。

另一方面，在遇到一个课题时，全脑思考模式优先考虑的是编写能够付诸行动的脚本。全脑思考模式是个人或是团队自主解决问题时采用的框架。当您产生"就没有好的概念了吗？""就没有好的创意了吗？""就没有好的切入点了吗？"等疑问时，就该轮到全脑思考模式出场了。

首先，人们为了实现希望得到的结果，就要找出假设，之后，再有逻辑地校正假设并进行修正。接下来验证想象的剧本和现实有什么差距。在商业中，反复提出假设和验证是很普遍的现象，但是却只有全脑思考模式能够把它们编辑到一个思考流程中。

我们能够像上文描述的那样说明全脑思考模式的概念。当然，并不能说它就没有缺点。对于熟悉了过去的战略策划框架的人来说，很容易就会发现在前一章说明的简略版存在下边列出的问题点。

·很可能调查客观数据之后，我们会发现凭直觉找出的目标顾客（120%HAPPY的顾客），不是最佳顾客。

·全脑思考模式是由主观判断推动思考的，所以使用模式的人的知识与经验会在很大程度上决定输出的品质。

·虽然这看上去很简单，但是商人没有编过故事，所以从现实角度来说，它的难度很大。

虽然我们使用全脑思考模式终究只是为了提出一个假设，但是当我们凭着直觉由主观的判断、片面的思考得出结论时，这个假设就会演变为错误的行动。这时会产生一个难题：如何对结果负责。

确实，如果要做的决定涉及整个公司，比如制定企业战略，这时，只使用全脑思考模式这一框架，对多数的企业来说都是不合时宜的。但是，如果要解决的是日常工作中频繁出现的课题，就不会产生刚才列举的那些问题。

实际上，使用过这个模式的策划负责人，曾向我反馈他们的成果：

"我都不敢相信，从我开始使用全脑思考模式来想出创意到现在才过了一个月的时间，而我现在能够清晰地看到自己要做的事情。项目的推进速度连我自己都吃惊。"

"使用全脑思考模式想出的创意与过去想到的东西差异太大了，所以刚开始有点不太明白。但是随着时间的流逝，我渐渐有了真实的感受。现在我坚信这是最好的方向。"

"事情又有了新的发展。电视台的负责人本来只是抱着试试看的心态看我的策划，但是后来他却问我要不要合作……接下来，我要用全脑思考模式考虑碰头会的内容。"

使用全脑思考模式可以产生能落实到行动的思考，我想，人们从这些评论中能够感受到这一点。通常情况下，深入思考会产生"知行间隙"（the knowing-doing gap）。但是，全脑思考模式是从身边的小事开始积累行动的方法，所以知行间隙也小。最初，因为产生的创意超越了过去的思考范围，所以有时人们会感到困惑。然而实际上行动起来以后，一个行动就会引发另一个行动，所以人们会因为事业的迅速进展而感到高兴。

而且，因为全脑思考模式是从身边的行动开始的，如"让顾客变得120%HAPPY"，所以如果说做出错误的判断就会让整个公司陷入混乱，这是过度担忧。倒不如说，全脑思考模式能够让人们容易进入思考与行动互相促进的良性循环。

为什么全脑思考模式的结构这么简单，却能够带来这样好的效果呢？

- 究竟是什么带来了"构思"？
- 究竟是什么激发了"行动"？
- 究竟是什么落实了"结果"？

通常，为了回答这个问题，我们必须果敢地跳出自己在商业上熟悉了的领域。这么说，是因为全脑思考模式不是以一个领域的相关知识为基础而组成的方法论——市场营销、管理、行动经济学、脑科学、神经语言学、结果思维、编织故事等——它是我把过去10年间应对商业上的课题时所必需的各种知识综合起来，将其精髓用无比简单的图表概括后得出的东西。因此，要了解全脑思考模式背后的各种机制，就要经历知性挑战，不断在各个领域间穿梭。

这或许就像坐过山车一样，会让人觉得头昏脑涨。但是，这个挑战会给您带来若干果实。因为，通过理解全脑思考模式的机制，我们可以综合提高"构思"→"行动"→"结果"这个所有商人都追求的一系列的技术。结果，虽然在本章中没有充分运用全脑思考模式，但是在工作时，您应该能够得到丰富的提示。

那么，我们把这个重要的问题重新讨论一遍。

为什么全脑思考模式能够推进"构思"→"行动"→"结果"这个商业流程呢？

首先，我们从带来"构思"的机制进行说明。

第一机制："愉快"地投入，促进大脑整体活性化

全脑思考模式是从想象顾客HAPPY的状态开始思考的，这从大脑机能的观点来考虑，是非常符合道理的。我们知道：为了让大脑活性化，针对大脑判断为"喜欢"的对象进行思考是极其重要的。所以从让自己欢欣雀跃的人开始思考，是非常理想的热身运动。

一方面，人们预先就对思考对象感兴趣的情况暂且不提，就先说突然就得开始分析的情况吧。这时候，大脑活性化的自然过程就会不同，结果，由于情况的不同，思考本身有可能打结了。

没有发言的会议正是这种状况吧。

商业重视知识创造。事先了解大脑活性化的机制，在商业上会发挥您预想之外的效果。为什么呢？因为首先，这能够最大限度地提高自己的思考质量。同时，如果有其他人在场，就能够制作出让对方感兴趣并认真倾听的有效提案。

全脑思考模式是按照大脑活性化的理想顺序抛出问题的。但是我并不是在研究大脑机能之后才编制出这个模式的。该模型是在过去10年间，我在积累营销的实际业绩的过程中，在分析那些进展顺利的概念后才发现的共同的思考模式。这个模式和大脑活性化的顺序非常相似，所以我才将它命名为"全脑思考模式"。

只有了解了大脑机能，才能够加深对全脑思考模式的理解，从而更加灵活地运用这个模式。那么我们先来接触大脑的构思过程吧。

如何意外地想出丰富的点子

接下来要说的关于大脑机能的说明，恐怕是世界上最容易理解的。它是为了活用到商业上而准备的大脑机能说明（没有获得吉尼斯纪录的认证……）。仅仅是凝视插图及其四周，大家应该就能够明白：在工作中，为了想出创意，最重要的是什么。

但是，在开始说明之前，我想先说明一件事。下面说明的基础是医学博士保尔·马克里恩的"大脑的三位一体理论"。或许有些读者会说：这是陈旧的模型，它和最近的研究对照之后，有一些地方需要修正，所以它不是正确的观点。

我也知道这一点。即使这样，我还是有理由用这个说法来做说明的基础。如果要正确阐述大脑的相关内容，就要提到神经元产生电位变化以及结合时的数字机制、经过体内的神经传导物质荷尔蒙所引起的模拟机制等复杂的大脑机能。但是，越考虑其正确性，说明就会变得越复杂、越难以理解，就会让人不知道如何在现实的商业中运用它。

于是我试着探寻一种最好的方法能够让所有的商人都可以凭直觉理解大脑机能，结果就是使用隐喻和图表。马克里恩博士的"大脑的三位一体理论"是非常方便的。所以在这个概念的基础上，我立下了目标，要说清在商业上使用大脑的理想方法，并且向这一目标发出了挑战。我的目的不是为了进行科学的正确说明，而只是为了让读者知道，在商业上构思时，该如何使用大脑。

请看表5-2的插图。

我们的颅腔中住着3种动物。

人类相信自己的头脑进化到了爬行动物和哺乳动物的大脑无法匹敌的高度。但是，实际上，我们的大脑是这3种动物的大脑叠加而成的。根据进化的顺序，先是爬行动物脑（脑干、小脑）在最底部，再是古哺乳动物脑（大脑边缘系统）包裹着爬行动物脑，而人类脑（大脑皮质）则包裹着古哺乳动物脑。

各个脑发挥的作用大有不同。

爬行动物脑是"生存之脑"，它负责维持人体心跳、呼吸、

当您知道大脑内住着3种动物后，创意就会漫溢出来

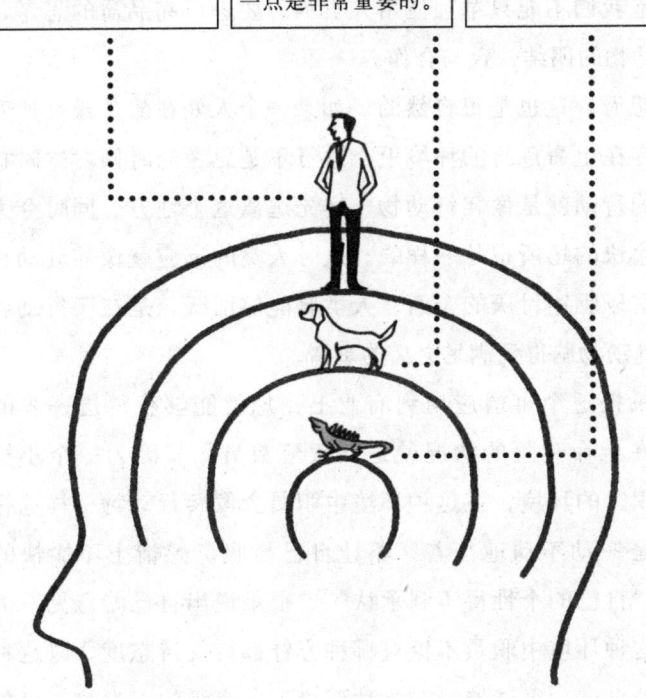

人类脑是"思考之脑"。在商业中，它强力推进行动计划的立案和实行。

古哺乳动物脑是"感觉之脑"。在商业中，它因为"愉快"而启动思考，这一点是非常重要的。

爬行动物脑是"生存之脑"。在商业中，它优先确保安全的环境。

表5-2　大脑活性化的机制

血压、体温等生命机能。

古哺乳动物脑是"感觉之脑"，它负责保存物种本能的情绪、判断愉快或不愉快。

人类脑是"思考之脑"。负责逻辑、学习、语言和创造性思考能力等知性智能。

当然，我们在商业中，需要使用人类脑来发挥高度的思考能力。但是我们不能只单独使用人类脑。要进行高品质的思考，需要三种动物的团结一致与合作。

想想看，这也是很自然的。如果一个人处在酷暑或是严寒、缺氧等存在生命危险的环境里，这可不是思考的时候，这时首先要采取的行动就是像爬行动物一样先逃离这个地方。同时令人感情上不愉快的场所也是一样的。这时人类的反应就像哺乳动物一样先咬着牙驱逐讨厌的东西。人类脑能够活跃，是在爬行动物脑与古哺乳动物脑得到满足之后的事情。

如果把这个事情应用到商业上，您就能够获得进一步的提示。存在生命危险的状况就是"频繁裁员""因为一个小错而无法升职"的环境，在这种环境中职员会像爬行动物一样选择出逃，或是一动不动地待着，不让自己显眼。感情上不愉快的环境就是"自己的个性得不到承认""很难说出自己的意见"的环境，在这种环境中职员不论对哪种方针都持支持态度，以这种方式来保护自己。很遗憾，在这种环境下，高级的人类脑不可能活性化。

三个脑互相协调的过程是非常有意思的，所以我们把它应用到商业上，再做进一步详细说明吧。

　　古哺乳动物脑接收"思考之脑"人类脑下达的指令。当从人类脑那儿接收到"解决这个问题"的命令时，古哺乳动物脑会判断"喜欢／厌恶"。这个判断是通过向"扁桃体"和"海马体"这两个部件咨询而得出的。"扁桃体"判断是否愉快，而"海马体"查阅记忆深处。如果过去有"满足了"的记忆，当与过去采取同样行动时，古哺乳动物脑当然会判断为"喜欢"吧。所以，古哺乳动物脑在直觉上反应好恶的同时，还要向记忆咨询之后才会判断 "是否致力于解决问题"。

促甲状腺素释放激素是知性的能量

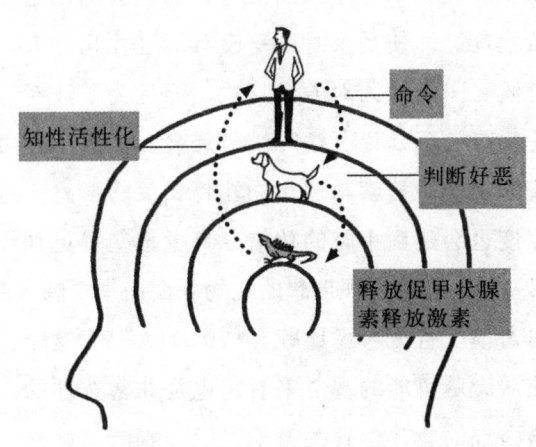

表5-3　全脑活性化，创意涌现的流程

在判断好恶时，接近爬虫动物脑的"欲之脑"（伏隔核。译者注：是基底前脑的一个较大的核团。伏隔核位于基底核与边缘系统交界处。人们认为伏隔核在报酬、快乐和上瘾功能中有重要作用）会释放促甲状腺素释放激素（TRH）。促甲状腺素释放激素会作用到脑的各个部分，让大脑觉醒，特别是刺激人类脑中判断行动计划的立案与实行的前颞叶部分。这样，人类脑内部的神经元就会像火花飞溅一样结合，想象与联想不断扩展，产生新的想法。

现在将上面的流程概括一下——人类脑指定要做的事情，哺乳动物脑对此做出"好恶"判断。如果判断为"喜欢"，爬行动物脑就会根据本能的需要，猛烈地展开行动。

想象一下送礼物给意中人的情景，您就会明白它能够将创意丰富到什么程度。即使是平时几乎没有买过礼物的人，在买下一件礼物的时候，一定认为对方会喜欢，而且为了让对方开心，会努力想送礼物时该怎么说。这时候，您会高度集中精力，可以忘记时间的流逝，努力搜索与理想的礼物相关的信息。这时候您处理信息的速度也会达到平时的数倍，直觉也变得更加敏锐。在进入店铺的那一刻，您会发现理想的礼物扑面而来、映入眼帘。

全脑思考模式首先考虑让顾客120%HAPPY这个"愉快"的行动，即使从大脑机能的观点来看，也是非常合理的。顺便说一下，从大脑内部的物理位置关系上来说，判断"好恶"的扁桃体也正处于全脑活性化的中枢位置。也就是说，从扣人心弦的事情开始思考比从逻辑的分析开始思考更能提高注意力，促进大脑整体活性化，从而更容易产生高品质的思考。结果，即使是没有什么商业经验的人，也能够意外地想出丰富的点子。

那么，如果找不到一位顾客让自己一想到他就会激动不已，又该怎么做呢？

其实对于大脑来说，重要的不是顾客，而是激动不已这件事情，顾客是谁都没关系。比如说，在我的学习会上，一个学员被问到"您想让谁开心？"这个问题时，他的回答是"文部科学省大臣"。根据这个直觉，他开始思考让大臣120%HAPPY的提案，结果浮现的是站在过去没有想过的高度上的具体创意。

当然，如果让自己激动不已的对象不是顾客，而是自己本人，这也没有关系。如果认为自己变得120%HAPPY最让自己激动不已，那么在全脑思考模式战略图表的右上角，画上自己的笑脸就行了。其中的原因我们会在第8章详细介绍。这是因为在自我投影型消费中，卖方也和客户一同成长。也就是说自己变得120%HAPPY时，客户变得120%HAPPY的可能性也更高。如果自己不开心的话，顾客也无法开心。这是今后的消费社会的特征。

为什么让1个人变得120%HAPPY会让一群人120%HAPPY？

现在我们明白了从让人激动不已的事情开始思考可以让大脑活性化的原因。但是，这又给我们带来很大的疑惑。

"把凭直觉想出来的想要让他HAPPY的对象作为制定商业战略的对象合适吗？"，"以偶然选出来的人为中心进行思考，能够得出真正有意义的结论吗？"

当然，从常识来说"这不仅不合适，而且存在很大错误"。本来，对于商业来说，客观性是很重要的，必须要避免明显的主观判断。

主观的判断必定是错误的，这被称为虚假同感偏差。斯坦福大学的社会心理学者罗斯曾做过一个非常有名的实验。

罗斯博士让学生们做一个很奇妙的实验：博士请他们像三明治一样在胸前和背后贴上"来乔的饭店吃饭"的海报，在校园里走30分钟，报酬是"你能够从中学到一些有用的东西"这类暧昧的东西。当然，学生可以简单地拒绝这个要求。

在做实验的时候，博士对学生做了一个问卷调查。结果接受贴海报的同学回答"会有62%的学生同意贴海报"，而另一方面，拒绝贴海报的学生则回答"只有33%的同学会接受贴海报"。那么正确答案是什么呢？50%。也就是说通过实验我们体验了"其他人应该和自己有同样的想法"这一思维定式的存在。而人们这样过分估计自己判断的现象就叫作虚拟同感偏差。

如果把虚拟同感偏差代入到全脑思考模式中，就能够明白这个模式的弱点：不论您如何设想对于顾客来说会变得120%HAPPY的状况，顾客都不一定认为这就是HAPPY。

仔细想想，主观判断造成的错误是家常便饭了。比如说，在妻子生日时，自己为了让妻子开心而努力选择的礼物却完全不符合妻子的喜好。有这种经验的恐怕不止我一个人吧。所以我们不能过度信赖自己的判断。

当然，全脑思考模式存在自以为是的问题。但是即便如此，它作为找到构建假设的线索的方法，仍然可以说是极其实用的。即使在刚才的统计中，我们的着眼点也不应该是它偏离了正确答案12到17个百分点这一数据。我们应该关注的是，仅仅在这个误差范围内，就能够想象到他人的行动这个事实。我们要采取的措施是：以主观的思考为前提，先付出行动，再在结果的基础上寻找合适的解决问题的方法。

实际上，当大脑中"期待的印象"与"发生的事实"不一致时，有一个被称为前扣带皮层的部位会自动活性化。也就是说，反复进行假设与验证、不断摸索比以正确答案为目标，更能够进行正确且能够付诸行动的思考。

如果工作是向顾客提供可信度高的数据，比如是经营咨询顾问公司与广告代理商，我们必须进行认真的分析调查。所以，我并不是建议降低分析调查的重要性。但是，如果考虑到本公司的工作，通过公司内部与客户的接触点，已经存在大量的信息。那么与其为了收集外部的分析数据而弄得焦头烂额，还不如从内部在现场的真情实感的基础上收集信息，这样才能快速构建比较贴近事实的假设。

全脑思考模式的本质是构建假设的方法论。在理解这一点的基础上，以验证为前提，充分运用这个模式的话，我们就能够克服主观思考的缺点，将它变成在实际工作中引发优秀创意的极其有效的工具。

还要补充的是，全脑思考模式得出的主观思考具有客观思考无法拥有的一个巨大的长处。用一个词来概括，就是约束力。

全脑思考是以深入理解一个顾客为契机展开思考的。实际操作之后，您会发现，对一个顾客寄予真实的同感会带来您想象之外的有利效果。它不是把市场整体作为数据进行分析、理解，而是从不同的角度出发进行思考，所以具有带动许多人的力量。

我们以安·尼克松·库波尔的故事来作为说明这一点的最佳例子。

这个人物是在奥巴马总统在选举获胜后的演讲中，被介绍给20万聚集在芝加哥市的人。

2008年11月4日晚上。奥巴马总统在演讲中突然提到她的故事。虽然这个演讲有些长，但是里面有许多值得学习的地方。所以我引用了一部分他的演讲。

这次大选创造了多项"第一"，也诞生了很多将世代流传的故事。但是今天晚上最令我难忘的却是在亚特兰大投票的一名妇女：安·尼克松·库波尔。她和其他数百万排队等待投票的选民没有什么差别，除了一点：她已经106岁高龄。

她出生的那个时代奴隶制度刚刚结束；那时路上没有汽车，天上也没有飞机；当时像她这样的人由于两个原因不能投票——她是女性，另一个原因是她的肤色。

今天晚上，我想到了她在美国过去一百年间所经历的种种：心痛和希望；挣扎和进步；那些我们被告知我们办不到的时代，以及那些坚信美国信条的人们。

曾几何时，妇女没有发言权，她们的希望化作泡影，但是安·尼克松·库波尔活了下来，看到妇女们站了起来，看到她们大声发表自己的见解，看到她们去参加大选投票。是的，我们能。

◆ ◆ ◆

"今年，就在这次选举中，她用手指触碰屏幕投下自己的选票，因为在美国生活了106年之后，经历了最好的时光和最黑暗的时刻之后，她知道美国如何能够发生变革。

是的，我们能。

美国，我们已经走过漫漫长路，我们已经经历了很多。但是我们仍有很多事情要做。因此今夜，让我们自问——如果我们的孩子能够活到下个世纪，如果我们的女儿有幸活得和安一样长，他们将会看到怎样的改变？我们将会取得怎样的进步？

现在是我们回答这个问题的机会。这是我们的时刻。这是我们的时代。"

奥巴马总统深深理解了安·尼克松·库波尔这个人，并且用语言的力量追溯到"过去"的106年。他把"过去""现在"与106年后的"未来"连成一体。在那个瞬间，场内兴奋到了极点。

20万人以库波尔为契机，拥有了一个共同的印象，他们为了行动团结在了一起。但是聚集在那儿的20万人，谁都不认识库波尔；谁也没有见到过她或听到过她；谁也不确定是否真的有这个人。

即使这样，在听到安·尼克松·库波尔这个名字的那一刻，几乎所有的人心里都会浮现出一个关于她的清晰的形象。某个人的眼前或许会浮现出一张戴着圆圆的眼镜，脸上布满皱纹的笑脸。某个人或许会想象到一个穿着花衬衣，梳着利索的发型的娇小女性。而且人们能够从心里的这个形象进一步想象出自己今后要走的路，并对未来充满信心。

如果没有特别指出安·尼克松·库波尔这个人，即使奥巴马提出"请大家思考一下，为了100年后的美国，我们现在应该做什么？"这个课题，人们也不知道该从何处下手。如果是要从分析的角度来回答这个问题的话，人们也能够想到人口金字塔、死亡率、经济状况的数据等线索。但是，用这个结果来动员数十万人，让他们面向未来，做出有建设性的行动，这首先就是不可能的。

如上所述，我们具有非常丰富的想象力，仅仅是特别指定了一个人，即使是不认识的人，我们也能够从内在的知性引导出大量信息。在推进构建假设的过程中，以特定人物为切入口这种想法是非常单纯的，也是非常有力的方法论。

第二机制：如果顾客被故事吸引，就会轻易地行动

在这之前，我们讨论了为什么全脑思考模式能够催生新的创意这一话题。如果对这个机制进行总结，会得到如下结果。

· 想象一个令人激动不已的客人的形象，是促进思考活性化的第一步。

· 即使用主观判断来选择顾客，如果抓好假设与验证这个前

提，我们也能够迅速找到正确的解决方法。

·对每一个人的深刻共鸣与理解，有时候具有带动一大片人的力量。

我想，您会明白，虽然我们做的事情看上去好像毫无用处，但是它在产生创意时，确实不是在做无用功。

那么，接下来的课题就是，为什么充分运用全脑思考模式就容易将创意转化为行动。您能够从下面引用的这段话中得到答案。

> 有人问杰克·韦尔奇："您的特长是什么"？他答道"我是爱尔兰人，只是知道编织故事的方法而已。[①]"

在本章开头也提到过，人们或许认为商业与故事毫无关系。但是，全球著名的管理者却断言说，编织故事的方法是自己最大的长处。

至于为什么编织故事能够提升CEO的价值，只要稍微考虑一下，您就会马上明白。CEO的工作目标是提升股票价格。但是，决定股价价格的是，人们预测到将来的现金流。当投资者对公司的成长抱有信心时，就会购入该公司的股票，股价也就会上涨。

注： ①出处 约翰·西利·布朗等著的《讲故事改变管理》。

而决定这信心的关键就是CEO所讲述的关于公司未来的那些大胆并具有现实性的故事。当然，公司的经营规划中已经包括了公司的未来。但是，就像我们下文要说的那样，很遗憾，只有数字和数据的计划几乎不能在人们的记忆中留下任何印象。结果，即使人们有兴趣，却不会有想要购买股票的需求。

而且不仅是投资者，公司职员是否相信CEO讲述的关于公司未来的故事，行动也就大不相同。如果相信故事，公司职员就会对未来充满希望，自觉加入到推进故事的一方。结果，人们认为很大胆的故事在将来就会很自然地拥有强有力的推动力去实现未来。

如果只是说在商业上的知识与经验，与杰克·韦尔奇一样的管理者或是商人有很多吧。让杰克·韦尔奇成为管理者中的第一人的原因是：其他商人忽略了故事的重要性，而他注意到了,而且他具有讲故事的能力。

实际上，管理与故事存在许多共同点。我除了写商业书籍，也在写好几本小说。通过作家的经验与管理者的经验，我明白了创造公司的未来与创造故事并没有什么区别。

那就是，不论是管理者还是作家要做的事情都是认真提出一种假设，并努力让它变成现实。即一面描述一些日常中没有的东西，一面要让顾客和读者相信这种东西是可能存在的。小说家吸引读者读到结果的过程和商人带动顾客走向HAPPY的过程都是为了实现规划好的未来而有逻辑地积累事实。从这个意义上说，它们完全是相同的。

从这个观点出发，再次眺望商业世界，我们会发现，活用故事的知识，能够在人们所到之处创造出巨大的价值。《讲故事改变管理》的作者，史蒂芬·丹宁曾经说过"GNP的28%与说服相关，如果其中的三分之二是很睿智的故事，实际上有20%是与故事相关的"。

在过去的商业中，没有一个领域像故事这样，非常重要却常被人们忽视。我深信：特别是在知识社会中，工作变得越抽象，学习故事的结构对于商人来说就越是提升能力的最大杠杆。为什么这么说呢？因为一个人的策划能力、交流能力提高了，他就具备了作为经理被信赖、并且能够领导组织变革的素质。

故事是知识社会中，促使事业成长的核心。但是，要让商人像作家那样彻底学习编织故事的方法，就是浪费时间。商人从艺术家身上学习，是很重要的。但商人却没有成为艺术家的必要，只要吸取其精髓就可以了。

全脑思考模式在设计时，它的功能之一就是能够不着痕迹地顺利运用故事的结构。这样我们才能够提出像脚本一样的行动计划，并像展开故事一样实施计划。

在这个过程中，即使完全没有故事的知识，也可以得到结果。但是，只要对故事的结构有最低限度的了解，对商业的看法就能够更加深入，您作为领导者的资质也就能够提升许多。

我想详细说明以下3点，作为充分运用全脑思考模式的前提知识。

- 首先，故事是什么？
- 运用故事产生的商业效果是什么？
- 为什么能在商业上产生效果？

故事是什么？

给故事下定义，就像给人类下定义一样，越用语言说明，就越混乱。在这里，请看表5-4。

这是故事的结构。它在好莱坞已经成为产生热播剧本的雏形。

那些让读者和观众非常投入、忘记时间的故事，或许大家认为它们的种类千差万别，但是实际上这些故事却有一个非常简单的共同模型，用语言表达，就是"平凡的日常"→"不平凡的日常"→"新日常"；用旅行来比喻，大多数情况就表现为"启程"→"非日常之旅"→"回归"。或许在适应这些词汇之前，您会觉得有些别扭，但这绝不是难事。这些小学生都在学的东西，商人也一定能在短时间内学好。

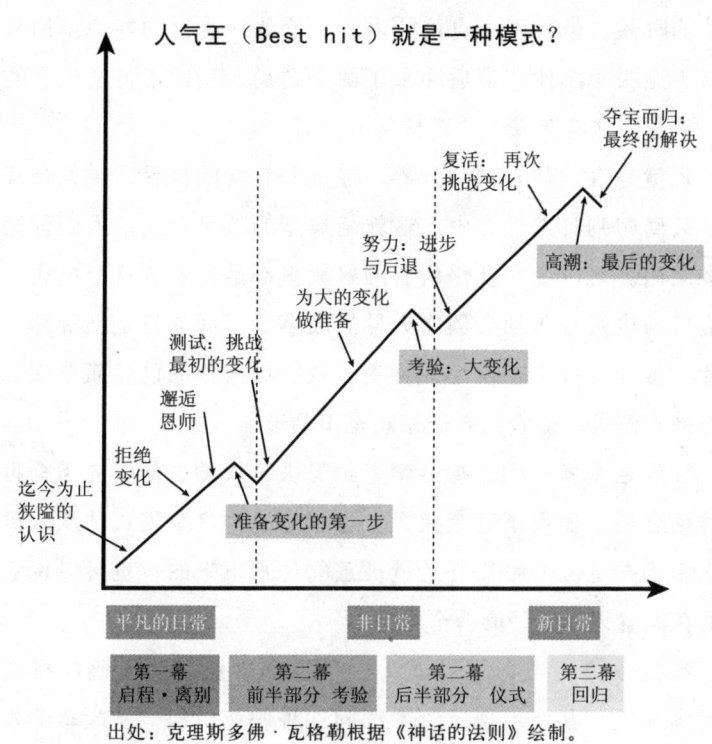

人气王（Best hit）就是一种模式？

出处：克里斯多佛·瓦格勒根据《神话的法则》绘制。

表5-4   能够产生最大效果的商业模式

　　故事首先从"平凡的日常"开始。然后，发生了一些事。比如说，发生了杀人凶案、有人失恋了，或者是要上战场、隔壁搬来了一家热闹的邻居……这就是"非日常"的开始。

　　失去了安稳日子的主人公，开始是抵触的，但是等到他发觉的时候，已经被卷入其中了。于是，主人公在非日常的世界中纠结的时候，就发现了自己的内心、磨炼了自己的能力、用自己的双手克服了事件，最后迎来了圆满结局，找回了自己应有的姿态。于是，这就变成了"新日常"。

也就是说，从日常的世界，经过非日常的世界，主人公成长了，又回归到日常世界中。这就是典型的故事模式。人们称之为英雄之旅。可以说，几乎所有的好故事都是在承袭这个模式。电视节目与电影每年都会创作大量的故事，不同的只是悬疑片、爱情片、推理片等主题设定、背景以及出场人物而已，而在底部流动的剧本模式，说它们完全相同也不为过。

发现这个模式的是神话学者约瑟夫·坎伯。他研究了全世界的神话之后，发现了这个模式。也就是说，这个模式是从人类在洞穴中描绘壁画的时代开始就被重复传承下来的，也可以说它是人类在无意识中写好的一个剧本。

在好莱坞，电影已经成为一项投资事业。为了确保投资能够得到回报，甚至出现了剧本顾问这种职业。他们从故事的投资"是否产生回报"这个角度对剧本进行分析，就像股票分析师一样，对投资进行评级。也就是说，一个剧本是否能够打动观众的心，也是能够从逻辑角度上进行分析的。

如果说在知识社会中，创新型企业应该有视为高级机密的东西，那其中之一就是故事的模式。因为当顾客心底的故事与企业所描绘的故事产生共鸣时，顾客就会被吸引到企业的故事中去。顾客会开始把自己和故事的出场人物重合在一起。然后，就像《讲不完的故事》（电影《讲不完的故事》的原著）的主人公巴斯蒂安那样，虽然刚开始只是一个读者，当自己发觉的时候，已经成了出场人物。也就是说，被企业的故事吸引的人，不仅会消费您的商品，而且能够成为您的商品的宣传者。就像英雄之旅是好莱坞招徕观众的公式一样，在自我投影型消费社会里，它是企业召集顾客的公式。

当然，因为纯粹的英雄之旅没有现实感，所以现在人们也在想各种办法。比如说电影《泰坦尼克号》为了收回巨额的投资，将观众细分为100多类，并且让不论哪个观众都能够对剧中的某一个出场人物产生共鸣。同时，电视连续剧《欲望都市》已经成为一种社会现象。它不是只有一个主人公，而是有四位富有个性的女主角：米兰达、夏洛特、凯莉、萨曼莎。这使看过这部电影的每个女性都能够在故事中找到自己。

接触到好故事的读者的行动并不会局限在故事这个虚构的世界中，而是不断转化为现实。也就是说，为了在现实中继续体验故事，读者就会购买反映故事世界观的商品。比如说，与故事有关的旅行产品就会成为招牌产品。泰坦尼克号之旅在电影上映10余年之后，依然人气旺盛，经久不衰。而体验《欲望都市》的4日团除了机票费与购物费用之外，还卖出了180万日元的高价。

特别是最近，在故事中融入赞助商的商品，也就是被称为"植入式广告"的手法成为常用的手段之一。此外还有许多专门的广告代理公司。而《欲望都市》出场人物的服饰名牌店前也排起了长龙。凯莉到曼哈顿购物时开的代步车是紧凑型SUV奔驰GLK。这款车在发售之初，曾有汽车记者苛刻地说"这款车的设计让人看一眼就想逃"。但是，在凯莉驾驶了这款车之后，它却成了在都市中最精悍的SUV。

像这样，在商业中活用故事，甚至造成了一个冲击：人们在讨论使用植入式广告是否符合道德。不难想象：只要把在娱乐世界中长年积累下来的故事的一小部分运用到商业中，我们就能够在自我投影型消费的时代中，得到惊人的效果。

故事给商业带来的9个效果

现在我们就总结一下，使用故事这一过去的商业模式所不熟悉的知识，会给商业带来何种效果。这样的巨大效果可概括为"让听者刻骨铭心"和"让说者朗朗上口"两点。

优质的故事会在人们的记忆中生根，具有传播力。从市场营销到管理到品牌与领导力等各个商业环节中，故事都能够产生效果。商业从故事中得到的效果可以列举为以下9点：

1.最好的记忆方法毫无疑问就是活用故事。探寻所有的记忆技巧的本质，我们会发现它是把形象与形象结合在一起的操作，也就是说故事。罗列的事实或是数据是无法记忆的。而在故事的文脉中提示事实或是数据的话，它们就特别轻松地黏着在记忆中。同样地，如果在故事的文脉中，提示商品与企业，就让人想忘也忘不了。

2.追究到底，商品名称和企业名称就是商品与企业背后的故事标题。所以有故事的企业或是商品的标题会被人们记住，并且被指定搜索。

3.对于公司职员来说，没有故事的工作是机械的指示或命令，职员不会记忆它们，也不明白它们的意思。这样职员就无法保持干劲，工作会让他们常常感到疲惫，甚至感到压力。另一方面，如果接触到有故事的工作，职员就会感觉到"这份工作对我有意义"。在公司中，自己的安身之所得到保障，职员的表现也会改变。他们记忆该做的工作，因为自己也知道工作的意义，所以能够主动地推进故事的发展。

4.对于顾客来说，没有故事的商品不会留在记忆中，所以如果不是迫在眉睫需要的东西，是不会购买的。而且购买的时候，价格的高低是最大的判断标准。另一方面，对于有故事的商品，即使当下的需求不是很迫切，顾客也会为了体验商品的世界观而购买。因为不会被拿来与其他商品比较，所以该商品很难受价格影响。并且，故事的世界观是自己人生的一部分，所以顾客会不论商品分类，购买许多相关商品。

5.故事能够吸引具有相同世界观的人。公司职员与顾客都会把故事重合到自己的身上，这样他们就不再是旁观者，而是推动企业故事发展的出场人物。

6.因为顾客记住了故事，所以容易把它告诉给身边的人。同时，由于自我投影使故事成为自己人生的一部分，顾客会因传播故事而感到喜悦。这样，即使没有激励，公司职员和顾客也会传播公司和商品的故事。

7.说到品牌，其实就是商品热心的拥护者的数量。也就是说，对企业和商品的故事有共鸣感的团体产生的时候，品牌也就建立起来了（我认为，将来恐怕我们就不是说品牌经营而是说"故事经营"这个词了）。

8. 优质的故事，会在产生共鸣的人之间，催生各自的类似的故事。这些故事的领域如果拓展开来，商品和企业也会成为传说。

9. 编织象征人们的世界观的故事，并且讲述它们，是领导力的本质。

就像上面说的，当一个企业具有能够自我投影的故事时，不论是对于公司职员还是客户，都拥有了与发现生存意义并重的重大影响力。虽然故事的创作像是想象的游戏，但是实际上它最能构成现实。

相反地，如果失去故事，就是错失现实。日本在高度成长期期间的价值观就是物质的满足。即使人们不考虑什么，也自然而然地拥有关于自己以及公司未来的故事。但是现在这个故事崩溃了。

在人类社会，故事的存在是理所当然的。鱼儿活在水中也是理所当然的。如果没有故事的存在，我们不难想象这会给人类社会带来多大的冲击，恐怕就像鱼儿失去水一样。

如果非要举出与其相近的痛苦，那就是失恋状态了。在恋爱的时候，人们把自己的未来和对方融合在一起而活下去。对方的存在，变成理所当然的状态，所以突然分手之后，人们就失去了自我投影与自我反映的东西。人们会用"心里空荡荡的"这个词来形容这种状态，这正是失去自我的表现。

	对内影响（公司职员）	对外影响（顾客）
事实	• 根据琐碎的事实与命令工作 • 找不到工作的意义，没有干劲	• 罗列商品的特长 • 因为是必需品，所以只能购买。价格的高低是决定购买的依据
记忆	• 理解事实与事实的关联性，理解目标 • 明白工作的意义，表情发生变化	• 留在记忆中。理解商品的意义 • 与其他商品相比，对这种商品更有好感
投影	• 把目标当作是自己的东西 • 在工作上，做独特的努力，注意力提高了	• 对商品背后的故事的价值观产生共鸣 • "原来我曾经想要这种商品"发现自己忽视的需求
行动	• 用自己的力量克服障碍挑战 • 提出自己的意见、自己进行必要的学习	• 想要深入了解自己买入的商品 • 为了购买而做努力
传道	• 工作是自己人生的一部分 • 超越自我，为了更有价值的东西劳动	• 提供商品的公司是自己人生的一部分 • 积极实践并向周围的人介绍这个商品背后的世界观

表5-5　商业中故事的运用与影响

　　阿忒拉斯这一代人，感叹找不到工作的价值。企业内部职员得抑郁症等精神疾病的增多，也是因为他们失去了原本认为是天经地义的故事，又无法描绘出替代的故事。如果是这样的话，在知识社会中，能够描绘具有现实性的大胆的故事的企业就是强者，而且，它的责任也是举足轻重的。

第三机制：曲线说反馈的效果

"奥特曼只能在地球上待3分钟，他为什么在警报器亮之前不使用斯派修姆光线呢？"

"水户黄门为什么在打败坏代官之前都不亮出家徽呢？"（译者注：《水户黄门》是日本TBS电视台制作的电视剧，从1969年至今仍在播放，是将水户藩第2届藩主德川光作为主人公的日本历史剧。）

这些是很老的笑话了。

实际上，商人并没有笑的立场。因为，他们自己在工作中，每天都重复相同的行动。而且，在明白这个笑话的背景机制的瞬间——您就掌握了在工作上做出成果的关键。

这个机制在全脑思考模式中用曲线来表示，它是我无意中绘制出的联系"现在的顾客"与"未来的顾客"的曲线。但是，这个波浪起伏的曲线在商业中可以产生压倒性的差别。

究竟为什么不用直线而用曲线呢？

现实是由曲线构成的

在商业中，我们认为，只要找到正确的战略就能够向着目标，走过一条笔直的道路，成功到达目标。也就是说"进行基于事实的正确分析，必定会成功"。

但是，不论我们找出多么正确的战略，像计划书那样直接获得成功也是不可能的。就如故事中的出场人物没有克服各种纠葛，就不可能出现圆满结局一样。商业的出场人物，如果不能经历各种纠葛，也不可能达到目标。

即使这样，为什么企业在实施了睿智的、出类拔萃的战略之后，不走弯路就能成功呢？

不如说是因为我们在无意之中，期待纠葛的到来。正如在电影院里，没有人会看没有起伏的故事一样，在现实中，也没有人会走没有荆棘的路。如果一个项目吸引了人才，这个项目启动之后，就会无意识地写出一部波澜起伏的电视剧。也就是说，比起成功，我们期待的是有起伏的经验。创造出波折的正是我们自己。

为了确认这种无意识的模式，在这里，介绍一个我想出的有趣的游戏。方法非常简单，如下。

1.组成6人团队，其中有一人负责监督。

2.随便什么项目都可以，团队6人表演一个短剧，表现团队从成立到得出结果的过程。

3.这时的台词不是词语，而是按顺序从1数到100。比如某个人说"1、2"，下一个人接着说"3、4、5"，第3个人说"6、7"，第4个人说"8、9、10"。一次报几个数字可以由每个人自己决定。重要的是因为这是表演短剧，所以要有感情地报数。

4.负责监督的人有一个秘密任务，那就是记录两点："声调上升的地方共有几处？"和"声调上升的数字大概是几？"

那么，您认为结果会怎么样呢？

说到答案，声调上升的地方总共有4处。而数字，平均在33附近、50附近、66附近、然后是85到90附近。

这个分配就像好莱坞动画的公式——基于神化的英雄之旅。也就是说，在推进项目的过程中，我们无意识中就像电视剧的出场人物一样，根据神话的模式行动。甚至可以说像电视剧的出场人物那样基于神话模式行动。

当初我也自以为是地想"自己的行动是全部由自己的意识决定的"，所以很难接受自己的行动在不知不觉中，受到神话的影响这件事。但是，想想又发现，这也不是不可能的事。就像骑了几次自行车之后，渐渐地不用思考也能骑车一样。人类从洞穴时代开始，重复听到的故事模式就会被无意识地反映到自己的行动模式中。

当然，如果放开自己的行动是由自己的意识决定的这个既定思维，商人就能够掌握重要的技术。就像从更高的位置眺望舞台一样，他们能够进行更高层次的思考。这与优秀的领导者的视角是一样的。

优秀领导者的能力之一就是事先把握项目进行中有影响的突发事件，在适当的时机调整方向。如果领导者了解刚才提到的无意识的行动模式，在项目进行的过程中，他就能够预测产生问题的时机。这样，人们就能够事先针对问题采取对策，把风险和损害降到最低。

比如说，我们试着用表5-6这样的曲线描述整个工程。如果把项目从开头到结尾用1到100的数字来比喻，您考虑一下在数到哪个数字时会出现问题？如果是33，那就是主人公面临的第1次纠纷。于是第2次纠纷、第3次纠纷可以预测是在50或是66。因为领导者能够看到他人看不到的东西，所以能够及时转舵。作为推进项目的领导，获得信赖是重要的工作。

我把这种从高处审视项目整体图、事先掌握会出现问题的对策的思考方法叫作"剧本思考"。当然，这不是绝对的判断，希望大家把这个当作是头脑体操。实际上，试着尝试一下之后，您就会宛如预言者一样，变得能够预测问题。或许您平时没有意识到这一点，觉得这并不可信。但就如常言道"有二必有三"，这样的经验法则值得我们更为准确地去运用。

能够像预言者那样预测问题

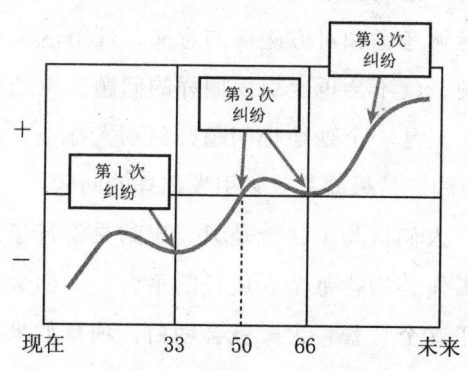

表5-6 预测问题发生时机的剧本思考

编写剧本的时候，有2个类型：在剧中产生纠纷的中间危机和后半部分发生的延迟了的危机。在现实中运用时，用这2个模式准备是很重要的。

不仅是在故事中，在现实的商业中也不可能突然就有了圆满结局。通过纠纷，每个人发现自己的内心，进而成长是很有必要的。纠葛的背后，有故事推动自我成长。

这样说的证据是，引发人际纠纷的大多是性格相近的人。在项目的进程中意见不合、互相冲撞的2个人，在旁人看来具有同样的性格，需要在同样的方面做出改善。但是，如果有人指出他们很相似这件事时，他们就会喷火："别把我和他混为一谈。"

这2个人在无意识中签订了契约 ——"通过互相碰撞，互相成长"。但是，如果不能发现自己的内心所想就无法明白这个契约的内容。2个人通过引发问题，就如字面上那样，能够发现主题。也就是说，他们会追问，目前的问题对自己的成长具有什么意义？如果能够考虑和对方碰撞的意义，理解这个电视剧的主题，让自己成长，就不会再次引发同样的问题。但是如果不想明白问题的意义，只是一个劲地把问题归到别人身上，不论到什么时候都不会成长的。结果就是重复引发同样的问题。

如上所述，人们认为工作就是只要出结果就行了。但是在更深的层次上，工作是检验每个人成长的平台。人们会通过工作成长。如果理解了这个背景，大家就会明白，项目如果要成功，在推进过程中问题的产生就是不可避免的。而且，回避问题，反而会夺去每个人成长的机会。从长期来看，回避问题不能培养组织能力和个人在企业中的生存能力。

项目不是直线式地推进的，而是曲线地接近目标。具有这种现实的、高层次的眼界的领导者在面临危机时，能够游刃有余。

当然，如果他深受团队成员的信赖，具有很强的凝聚力，就有克服重重困难的可能。

假设"成功"，分阶段获取策划案

那么，我们以项目是曲线进展的这个假设为前提，为了确实得到结果，该怎么做呢？换句话说，碰壁的时候该怎么超越它呢？

有2个要点。

首先，当期待和现实的差距变大时，调节期待是很重要的。我们用图表来说明吧（参照表5-7）。

在前面我们也提到过，在写计划书或策划的时候，几乎都是直线进行的。但是，现实就和图表一样，是曲线的。起初，用曲线描绘的"现实"超过了直线描绘的"期待"，这是所谓的新手的好运现象。但是，在那之后，现实大多数情况下会低于期待。这才是关键时刻。

如果现实低于期待的状态持续下去，士气就会低落。本来，现实低于期待就是极其自然的事情。如果在整个剧本中没有把握好这个状态，人们就会认为低迷会永远持续，而不久团队成员就会开始拼命地认为项目进展不顺。结果就是，团队下调期望值，满足低层次的结果或是对项目彻底失去了信心。

在全脑思考模式下，通过描绘曲线图，人们已经设想到了现实没有往期待的方向发展这件事。所以，即使有时进展不顺利，人们在感情上也不会那么慌张，更容易积极应对。当实际碰壁的时候，人们会认为"只是发生了意料之中的事"，继续保持高度的期待。这是实现目标的第一个要点。

第二个要点是事先想好在项目推进的过程中，如果产生了问题，该采取怎样的对策。如果知道可能发生的典型问题的模式和克服这类问题的模式，在途中遇到的挫折就会变少，实现目标的可能性就会变大。关于这个模式，有一个优秀的方法论就是 TEFCAS 成功机制。[①]

注：　①关于 TEFCAS 成功机制，在托尼·巴赞先生的著作《对工作有帮助的思维导图》中有详细介绍。或许有许多读者会问 TEFCAS 成功机制与 PDCA 循环（plan-do-check-act cycle）有什么区别。PDCA 循环是作为在生产工艺中的品质管理系统开发出来，它在能创造价值的工业社会中非常有效，但是，在知识社会中，要运用 PDCA 循环是有局限性的。

因为知识社会中，人们要频繁处理"计划"外的事件。对于负责具体事务的人来说，比起管理计划好了的生产工序，不如说灵活地应对变化的工作增多了。而且这也要求人们对应顾客的个体要求。所以对策的多样性很丰富，并不是一刀切的。比如说，顾客投诉时说"公司职员的遣词不当""没有笑容"或是相反的"自来熟""敬语的程度太过了"等各种例子。在这种状况下，即使想用 PDCA，也无法明确检查的项目，结果改善也很困难。

在知识社会中，对于无法想象到的事件，每个职员都要随机应变，把这个经验转化为自己的技术，在掌握这种能力之后，TEFCAS 成功模型才能成为强大的工具。

TEFCAS成功机制是英国教育家托尼·巴赞提倡的方法，是为了实现目标的流程管理循环。这个方法的特点是最大限度运用大脑本身具备的天生机能。当大脑里对目标有了明确的形象时，就有了以成功为目标的持续工作的机制。而且正如前面提到的，我们知道，发现形象和现实的差距时，大脑有一个部位会活性化，通过反复试验和摸索而有效地学习。像这样，把大脑为了成功而不断学习的机制运用到项目的推进中去，就能够非常顺利地实现目标。

TEFCAS成功机制如表5-8那样，使用时能与全脑思考模式完美互补。

现在我们用如下内容来说明TEFCAS成功机制的使用步骤。

认为现实是直线移动的想法，容易因为现实与期待的差距而产生挫折

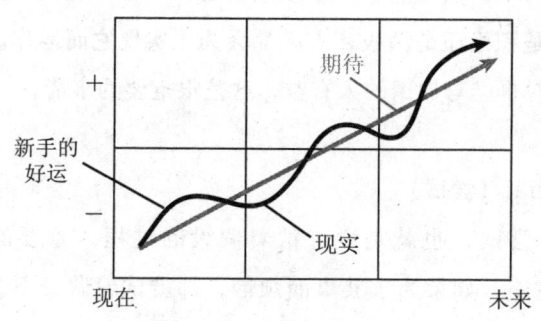

表5-7　调控现实与期待

以大脑机能为基础开发的TEFCAS和全脑思考模式互补，顺利实现目标

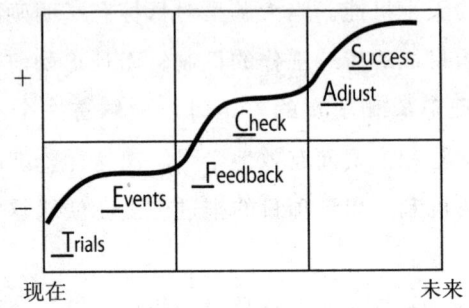

现在   未来

表5-8　全脑思考模式与TEFCAS（尝试、行动、反馈、检查、调整、成功）

Success（成功）

TEFCAS成功机制最初的步骤居然是从最终的步骤开始的。为什么呢？因为大脑在明确"成功"的形象之后，就要24小时不间断地思考如何实现它。应该注意的是，大脑不能判断价值，所以不论目标是积极还是消极，大脑都会为了实现它而运作。事先看清目标是否对自己与周围的人有益，这是很重要的事情。

Trial（尝试）

尝试，也就是说，试着假设的过程。重要的不是考虑到100%完美，如果为了某事而烦恼，那就试着做一下。当感觉"就是这个"时，再小规模地把所有的东西都尝试一遍，这种尝试是极为重要的。因为有许多数据必须体验以后才能得到，所以

多做几次小实验，才能够较早取得成功。为此，有时要加一个后缀变成，即做所有的尝试。这是为了强调"做所有的尝试"这种挑战精神。

E vent（行动）

客观地观察进行尝试以后的结果，也就是发生的事件。这里不用"结果"，而是用了行动这个词，是有原因的。不论刚开始的尝试进展得很顺利，或是不顺利，这都仅仅是刚开始的第一步，不需要因为结果而担忧。把它作为一个事件去客观看待是极其重要的。

F eedback（反馈）

进行尝试之后，从发生的事件中，接受"反馈"。反馈中，不论从表面上看上去多么消极的东西，都要把它看作是进一步接近结果的信息与经验，对它做出肯定的解释。换句话说，就是即使进展不顺利，也不要认为是"失败"，而是把它当作走向成功的电视剧中的一个花絮。如何接受反馈，对于是否能够产生结果具有重要的影响，它是成功的生命线。

C heck（检查）

检查反馈是否建立在真实的数据中，是否具有可信度。如果是在不正确或不完整的反馈的基础上行动，就可能危及成功。所以，在这个阶段，要超越主观的既定思维，客观地有逻辑地审视自己所处的状况。

A djust（调整）
调整是为了实现目标做的最后调整与修正的阶段。采取具体对策修饰最终结果。到了这一步，通过体验能够更深刻地理解现实，所以可以修正目标的定义本身，或是想到更优秀的假设。此时需要从"尝试"开始重复TEFCAS成功机制的流程。因为已经积累了经验，所以即使是从尝试开始，项目的进展也应该能够很顺利。

S uccess（成功）
您成功实现了自己明确的形象。多数成功者说，最终的成功远远超过了当时的想象。当项目结束的时候，或许您会认为并没有超过预期。当项目结束之后，在您就要遗忘它时，突然回顾一下，您会为行动产生的果实之巨大而吃惊。

同时，在项目结束的时候，庆祝也是很重要的。为什么呢？因为是否提起干劲是由古哺乳动物脑决定的。即使是为了今后拿出更好的表现，在完成目标时，也要开心地庆祝。

TEFCAS成功机制是建立在大脑的成功意向这个功能的基础上开发出来的。可以说，全脑思考模式描绘的曲线是把TEFCAS成功机制视觉化的产物。它是符合现实、走向成功的曲线。即使是在思考的阶段，通过视觉化而看到的东西的效果也是很大的。因为，它不是用成功或是失败来判断推行项目的过程中的行动与结果，而是单纯把它作为信息充分运用的。这样能够经常注入能量。

希望大家试着考虑一下：因"进展顺利或进展不顺"而担忧的人，和即使进展不顺，也把它当作是走向成功的一个信息立即充分运用的人相比，谁能够更早实现目标？这个答案是不言自明的。

我想起了一位足球名将对我说过的话："在比赛的途中，观众会因为绝望而开始起哄，这时候我完全不介意。即使发生了消极的事情，我也只是想'为什么呢？''赢球是注定好的，是我读错剧本了吧。'我这么想着，然后调整剧本走向胜利。"

也就是说这位足球名将是从未来的胜利倒推，询问自己现在的事实和现象的。与此相比，普通人是从现在的事实和现象的成败出发来调整未来的。全脑思考模式容易得出结果并不是因为把实现目标的过程中的变化当作"成功与失败"，而是把它们看作一个数据来找出改善的方法。名将很自然地也是这么想的。

以上就是对全脑思考模式为什么容易产生"构思""行动""结果"其背后的机制进行的说明。过去的**战略策划框架**是向外界要求信息。与此相对，这个方法论的特征是向内探寻信息，从内部鼓起积极性。换句话说，就是最大限度利用内部知性的方法。

虽然有如此明确的不同，全脑思考模式并不是和过去使用的框架竞争的工具相同，而是和它们互补的。如果说，过去的框架的目的是导出符合逻辑的结论，全脑思考模式的目的就是寻找一个能够一边行动一边验证的假说。它不是寻求正确的结论，而只是寻求一个假说，促进行动。通过行动来选择理想的未来。它并不是一个支持完美主义的旁观者，而是支持现实主意执行者的思考。

直白地说，"全脑思考模式"这个命名犹如说明一个新的思考方法，而优秀的商人则理所当然地朝着这方向努力。

我曾经试着让某位女性管理者尝试使用全脑思考模式。她在一家有3万职员的公司任职，她的部门有400个下属。当初她很难想象出"未来的顾客"的形象，对于这方法是否适合自己感到不安。但是，当她根据这个模式，深入挖掘思考之后，只用了2个小时，她就找到了能够成为自己终身事业的事业概念。

之后，我对她说明——我在说明全脑思考模式背后的机制时，也就是说了您的故事。

她愣住了几秒，小声地说："我想了一下，……过去，我一直……都是这么做的。"

接着，她又进一步用充满自信的洪亮的声音说："并不是需要新的技术，只要做自己孩童时代做过的事情就可以了。"

就是这样。优质的思考并不是必须通过复杂的培训而掌握的新东西，而是如何充分运用已经具备的东西。

第6章

何谓以行动为目的的逻辑思考

　　比如说毛毛球事业，根据全脑思考模式，就已经有了"作为培养学习习惯的教具"这么一个点子。使用"诊断–解决"框架也可以提出这个假设。在整理混乱的情报过程中也常常能够发现问题的本质，提出优秀的假设作为解决方案。而这个假设或许是正确的假设。但是，如果您是为自己的事业做打算，就不用走这一步也能够提出假设，而且是能让自己激动不已的假设。

　　当提出这种让人眼前一亮、激动不已的假设的瞬间，您就打通了商业的"任督二脉"。面向未来，您也会感觉到商业变得活络起来。

动脑筋很费劲？

某位大型金融机构的人力培训师在向自己公司的几位策划部门负责人介绍全脑思考模式并征求意见时，大家的看法两极分化了。

大约一半的策划负责人给了全脑思考模式很高的评价，认为"这个东西行得通"。但是剩下的一半人持否定意见。然而，他们的理由却并不是怀疑这个思考模式的意义与效果。

"仅仅使用左脑就很不容易了，再用上右脑就更费劲了。"

原来如此，用右脑费劲呀……

听到他们的意见，我想起了托尼·巴赞先生的话。巴赞先生是思维导图的发明者，他一直强调不仅要使用左脑，也有必要使用右脑。

"您认为在赛跑的时候，把一条腿绑起来单脚跑能发挥多大的实力？是双腿跑的时候的50%，20%，还是5%？"

答案并不在上面的数字中，巴赞先生给出的答案是"负数"。

这么一想，也确实如此。因为有两条腿才能跑，如果戴着脚镣就不可能期待跑的结果会有多好，甚至还会失去奔跑的欲望。

大脑也是一样的，如果只使用半脑，就好像给大脑戴上了"脑铐"，人就会被逼着只用左脑思考，还要拿出成效，结果，思考就会变得很费劲，人们会失去思考的欲望。更悲惨的是人们已经习惯带着枷锁思考，连挣脱它的力气也没有了。知识社会中，思考催生价值，所以这可以称得上是知识社会中最糟糕的事情了。如果这样，不可能培养出能够发挥超常能力的人才，反而会大批量生产出没有思考欲望的人才。

究竟从什么时候开始思考变得这么费劲了？怎样做才能打开"脑铐"呢？

人们开始感觉到"思考很费劲"恐怕是近几年的事吧。这是由近几年商业书籍中大肆介绍经营管理顾问们开发的"逻辑思考""框架思考"等分析性思考方法引起的。其实，经营咨询的手法能够用图表和图形清晰地解开复杂的问题。而在向知识社会过渡的过程中，随着商业变得越来越抽象，这种手法也就越发有了需求。

当初，很多公司只有在给经营骨干介绍企划时才用到这种分析性思考方法。之后，中间管理层在制定事业战略、判断企业方针时也使用。中间管理层还开始要求年轻职员做汇报时也使用这种分析性思考方法。

当运用分析性思考变成理所当然时，它的弊端也随之出现。对于没有专业知识的人来说，这就像是摧毁他们自信的漩涡。即使好不容易想到一个好的创意，他们也没有信心能够正确地、有条理地表达出来。即使他们豁出去了，在会议上提出自己的想法，大家看到他们信心不足的样子，反而会指出创意在条理上的不足之处。当那些不足之处被大家看得一清二楚时，他们就连话都说不上来了。

于是有的人觉得不能再这么下去，想要学习逻辑思考和框架思考。但是不论看哪本商业书籍，第一印象都是：真难啊！即使勉强读完了，以后也是似懂非懂……据说要像一名有才干的经营管理顾问那样得心应手地运用框架思考，需要2年的集中训练。当本来就处理不完的信息又不断增加时，有人泄了气说"只用左脑是已经到了极限了"。

让人激动不已的"假设—行动"

但是，人们会认为运用全脑思考很费劲，这明显是对全脑思考的误解与理解出现混乱造成的。许多逻辑性、分析性的思考方法是经营咨询公司根据客户企业的状况做出诊断、提出解决方案时使用的，也就是说它是以"诊断-解决"为主要目的而开发出来的。这就像医生给病人诊断时确定治疗方针是一样的，二者都不允许反复试验和摸索。

另一方面，商人平时又是怎样开展工作的呢？

这时候，商人要求的是对行动与结果负责，而不是说明责任。把为了提高业绩而想到的假设运用到实际中，寻求结果。也就是说商人的主要目的是"假设—行动"。

这时候，因为有许多信息只有行动之后才能获得，所以无论如何都免不了反复试验和摸索。但这并不是说毫无头绪地摸索，在假设的这一阶段中，很有必要用分析性思考来确认假设的前提条件中没有自以为是、以偏概全。

比较表6-1就能够看出，由于经营管理顾问和商人立场不

思考很费劲，是因为目标与工具不同

	经营管理顾问 需要的思考	知识社会的工作中 需要的思考
主要目的	诊断—解决	假设—行动
	基于正确事实，通过严密的逻辑构建，尽量导出切实的结论	为了更好地工作，提出假设并执行
过程	不允许反复试验与摸索	明智的摸索—积累、尝试是很重要的
责任	说明责任	行动责任、结果责任
考核要点	正确性	速度
学习量	通过学习各种逻辑性的框架，积攒经验之后，能够随意地根据问题选择必要的框架。据说要得心应手地运用框架思考	只需要重点学习逻辑构建与沟通的方法。通过逻辑构建把执行假设的风险控制在最小程度，而通过沟通方法获得周围人的理解与支持

表6-1 经营管理顾问与商人需要的思考的差异

同，需要的思考方法原本就应该是截然不同的。就像医生为病人诊断、实施治疗与健康人为了增强体力而进行锻炼的区别一样。前者因为不能出现错误，所以需要大量地学习；而后者更需要的是果断地下决定并执行。

即使二者之间有如此大的差异，但由于市面上介绍的最多最具有代表性的框架思考，依然是经营管理顾问在开展自己的工作的基础上开发出来的。所以即使商人学得再努力，也不知道如何将它与工作上要求的行动、结果联系起来，所以他们会觉得费劲。

当然学习经营管理顾问为客户准备的诊断工具，在培养商业基础素质方面将会起到非常好的思维训练。同时，即使是在经营管理顾问所介绍的框架中，以"假设—行动"为目的的框架也在增多。但是从使用者的立场来看，如果没有考虑该框架是基于何种目的而开发出来，只是被"为了在职场幸存下来而必须学"这种印象鼓动，开始毫无头绪地学习的话，只会被工具折腾。即使学了很多，如果不发挥相应的运用能力，对目前的工作也几乎没有什么直接帮助。

下面的这个笑话就表现了将"诊断—解决"框架带到日常业务中的可笑之处。

这是一位牧羊人的故事。牧羊人在牧场上照看羊群。这时一位开着高级轿车、穿西装打领带的男人过来了。他对牧羊人提出了一个建议。"如果我能够正确地说出牧场里羊的数量，您能否送我一只羊作为礼物？"

牧羊人是这么回答的："可以啊。但是有交换条件。如果我说对了您的职业，您可以把那辆车送给我吗？"

穿西装的男人认为牧羊人绝对不知道自己的职业，就答应了这个交换条件。

"您的羊是126只！"

穿西装的男人一瞬间就说出了答案，并且夸耀似地高声笑了出来。

牧羊人懒洋洋地说：

"您的职业是经营管理顾问吧。"

穿西装的男人脸唰地白了。尖叫着说，

"你、你怎么知道的！？"

牧羊人说：

"因为，经营管理顾问总是煞有其事地说着人家已经知道的事实，并且以此收费。"

正如这个笑话所表现的那样，即使不用特地委托顾问来分析，从事该行业的人总是知道本行业大致的情况。牧羊人已经知道自己有126只羊，他该做的事情是考虑如何让所有的羊都健康成长。所以，如果想到了好的点子，就不用花时间分析现状，只要把力量都投入到执行中去就可以了。如果把焦点放到将来的行动上，就能够在知性作业方面省下不少力气。

比如说毛毛球事业，根据全脑思考模式，就已经有了"作为培养学习习惯的教具"这么一个点子。使用"诊断—解决"框架也可以提出这个假设。在整理混乱的情报过程中也常常能够发现问题的本质，提出优秀的假设作为解决方案。而这个假设或许是正确的假设。但是，如果您是为自己的事业做打算，就不用走这一步也能够提出假设，而且是能让自己激动不已的假设。

当提出这种让人眼前一亮、激动不已的假设的瞬间，您就打通了商业的"任督二脉"。面向未来，您也会感觉到商业变得活络起来。

执行假说的3个方法

当提出假说之后，应该做的事情就是执行它。为此需要哪些操作呢？这是本章的主题，也是"行动型逻辑思考"的要点。

从结论来说，在执行假设的过程中的要点有以下三个：①得到理解；②说服他人；③得到支持。

不论哪一点都极其重要，也都是合情合理的。但是，却很难有人明白，针对这三点，具体该怎么做。

我在这里想详细介绍满足这三个要点所必需的方法论与工具。关于"得到理解"与"说服他人"这两点，它们是逻辑思考的基本内容，在各种商业书籍中已经介绍得很详细了。所以，本章中就不网罗所有的技巧，而是和大家分享一些关键的又能快速见效的技巧。

这一技巧是我学习各种逻辑分析工具后的成果。我在考虑策划提案时终于能够高密度地运用它了。虽然只有一招，但是能够得出结果，所以我认为您一定也会喜欢它的。

关于第三点"得到支持",在逻辑思考的领域中很少涉及。为什么这么说呢？因为如果是符合逻辑性的正确提案，"谁都会给予支持"，这已经成为一个隐性前提。但是我们在现实生活中却充分明白：事实并非如此。

如果只是逻辑性的正确提案，人们不仅不会给予支持，甚至会因为感到变化而产生恐慌。这是人类的行动原理，也是执行假说的过程中不可回避的要点。所以本书将它作为逻辑思考的一环进行说明。

为逻辑思考而苦恼的人，读了本章之后，一定会发现"逻辑思考原来是如此简单，并且如此快乐"。接着能够自信十足、游刃有余地参加此后的企划活动。

即使是对于那些已经学过很多框架的人来说，他们也能够实现很大的飞跃。他们应该已经脱离了记住那些随处可见的框架，并把信息生搬硬套的阶段，能够在短时间内得出自己的框架了。没有东西能够比用自己想出的框架进行说明更具有说服力了。它在知识社会中最能缔造价值，也能够大幅度提升您的价值。

那么，什么是可以用来实践的理论，而非正确的理论呢？

现在就公开能够让您的工作得到周围人的理解，说服他们并得到支持的三个实用的方法。

行动型逻辑思考②：说服他人

您看标题，会发现是从"行动型逻辑思考②"开始的。这不是印刷错误。第一步是"得到理解"。但是本章想从第二步开始说明。为什么把顺序颠倒过来了呢？那是因为您在说服周围的人之前，必须要先说服自己。知道了这个方法，从结果上来说，也就能够明白说服别人的方法了。

那么您要怎么做才能说服自己呢？

答案是，您只要想想去购物时说服自己的过程就可以了。

假设在进入店铺的那一瞬间，您就一眼看中了一件夹克衫。但是在多数情况下，您不会马上就掏出钱结账，而是再看看其他的夹克衫吧。而后，在比较了几件衣服之后，判断"还是一开始那件最好"，这样您在购物时就说服了自己。也就是说要说服别人，就必须要有一个客观的比较、讨论的过程。

自己想到的创意也会与购物具有同样的情形。正如前面所说的那样，人们很容易想当然地认为自己喜欢的创意对方就一定会喜欢，一定会产生这种思维上的偏见。想想看，如果您带着这种偏见制作策划，会发生什么事呢？

这就好像在毛毛球事业中，您想到了一个假设："作为培养学习习惯的教具"。在想到这个假设的瞬间您或许会兴奋不已。但是您试试看，如果就这么把提案交上去，也许您的同事对教育毫无兴趣。而且或许有同事会持有和您不同的意见，认为应该把毛毛球作为"减轻压力的道具来销售"。

在这种情况下，如果您的策划只涉及学习市场，就会给同事留下不好的印象：自己的存在没有得到充分考虑。结果，不论您的提案多么正确，其他人也不会认同。于是，不仅同事不认可您的策划，您自己也无法认同吧。这就好比把一见钟情的夹克衫直接买走一样。

要说服他人，就必须先把想到的假设与其他的选项进行比较讨论。如果用客观的眼光来审视热血沸腾的假设，它的热度也会冷却的。

那么，要怎样才能客观地审视您的假设呢？

正方形自身就具有收敛议论并使其稳定化的性质

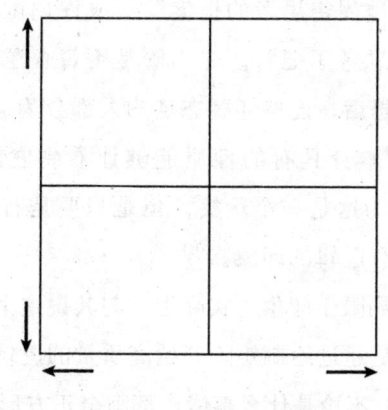

表6-2 2×2的矩阵

2×2矩阵对客观地审视假设非常有用。悄悄地告诉您，这四个方格对经营管理顾问来说是最强大的武器。这些方格看上去就好像使用了各种图表。但是在整理混乱的议论时，几乎只用这个简单的矩阵就足够了。

这个矩阵是为了客观把握"培养学习习惯的教具"这个领域在毛毛球事业的整体市场中的定位而绘制的。说到底也只是一个印象图，还没有决定横轴与竖轴指代什么。我想接下来和大家一起思考，把这矩阵补全。但是即使是这样一个未完成的矩阵也是有意义的。

在您的企划中，添加一张矩阵图，会给观众留下怎样的印象呢？

如果说仅添加一张图表，就能够像经营管理顾问那样做出提案的话，就有点夸张了。但是与没有矩阵的提案相比，会给人一种印象"这是经过周密思考的提案"。或许周围的人也会感慨地说"他学了逻辑思考了吧"。先不管是否符合逻辑，在看到矩阵图把握了整体构思后，连持怀疑态度的人都会为之信服。

因为正方形本身具有的性质能够让看到它的人有一种稳定感。您或许会认为这是一个玩笑。但是只要是有正方形的图形，都能够给人一种有逻辑的印象。①

而且这不会局限于印象。实际上，与其说这个矩阵是逻辑思考的结果，不如说是通过绘制矩阵开始高质量的逻辑思考。所以，想要逻辑思考的话，不论是什么事情，都画个正方形就可以了。

事实上我希望大家试着画一下。您如果拿出一张白纸和一支笔，按照后面说明的方法开始画正方形，就能够在更大的视野中客观地审视假设，可以降低偏见与"一见钟情"带来的风险。在这个过程中您也能常常发现原来忽视了的要点与新的可能性。结果，即便刚开始的假设漏洞百出，思考也会变得越来越精炼。

注：　①安琪拉·亚立恩女士是人类文化学者，她研究的是世界各地的洞穴
里的壁画。根据她的观点，人类在原始阶段所描绘的图形可以分为5大
类：分别为圆形、方形、三角形、十字形及螺旋形。每一种符号都具有
象征意义，给看到符号的人留下特别的印象。比如说三角形给人的印象
是"目标"与"推动"等等；方形是"稳定"与"管理"；圆形是"完
整"与"协调"；螺旋形是"飞跃"与"成长"；十字形是"关系"。

各种图形都有意义。考虑到这一点，逻辑思考所采用的图形可以说能够
根据它的形状给人留下不同的印象。比如说要推进讨论的时候，用三角
形为基础的图形，想要让讨论稳定（收敛）的时候，使用方形说明就可
以了。从这个观点来看，我们可以发现，那些逻辑严谨的商业书籍中，
在书的开头罗列的是三角形的图表，中间部分是方形的图形，而结尾部
分是螺旋形和十字形的组合，来解释说明所有要素的关系。

或许您会认为这纯粹只会停留在印象阶段。实际上在图形的基础上，我
们能够用发展的观点考虑事业模式，比如说在最初为了设定目标而简单
地画上三角形。在客观审视事业模式是否具有市场性时用方形。之后在
考虑到与组织、现有的事业的相乘效果时，画十字形与螺旋形组合的结
果——五角星，也能够构思事业模式。图形具有能量，它能够刺激人们的
想法。

参考文献：安琪拉·亚立恩的《心灵密码——五种关键图形带你认识真正
的自己》

也就是说，即使只是偶然想出来的假设，如果它能够让你兴奋不已，通过画图就能够让它尽早顺利而快乐地变成事实。

这种自己边思考边画出来的矩阵图，在巡讲中非常具有说服力。那是因为通过绘制矩阵，让您在谈论自己发现的很不错的点子时，自然而然多了一份魄力。听者也会觉得这份策划有些与众不同而去认真倾听，也就更容易注意到它的精彩之处。也就是说，这份情绪是会传染的。

只要充分运用图形原有的力量，逻辑思考就会立刻变成一件快乐的事情。与其说它是牟利的工具，不如说是让你看到更宽广的世界的工具。

接下来我们终于要进入最快乐的环节了。那就是绘制自己的矩阵。

我们从幼儿园时期就开始了逻辑思考的学习。

逻辑思考等同于收拾屋子

不同之处在于信息与玩具的区别。可以用收拾屋子里的玩具的方法来整理头脑中一团糟的信息。如果知道这一点，您就能够画出有趣的矩阵图了。

为了能够随心所欲地整理头脑中的信息，先按以下5个步骤来整理被玩具堆得一团糟的房间吧。

【步骤1】把握全局

首先要做的是，把握全局（参照图6-3）。如果房间乱七八槽的，就先接受这个现实，再开始整理吧。

图6-3　把握全局

【步骤2】找朋友

这和在幼儿园时玩找朋友的游戏的要领相同。还记得当时老师说把方块，圆形和三角形分开来吧。

把同样性质的东西组合在一起后，就能够像图6-4那样把它们分成好几组。

图6-4　找朋友

【步骤3】拿出整理箱，首先从横向开始收拾

拿出收拾玩具的整理箱，从横向开始收拾。

关于以什么为标准来分类，我们可以看步骤2中分出的几组，找出更大的规律。比如说我们能想到"大玩具、小玩具""深色的玩具、浅色的玩具"等分类方法吧。

您在考虑分类标准的同时，一定会尽量让整理更有意义。例如在收拾之前，您只是想"把屋子收拾干净"，但是在开始收拾

不管怎么说，
可以一个人玩的

不管怎么说，
大家一起玩的

图6-5　拿出整理箱，首先从横向开始收拾

之后，目标常常会变得具体化，比如"下次玩耍的时候能够马上就找到玩具"，于是您会发现刚才想到的"大小""颜色"等分类方法并没有派上什么用场。您想到的创意是按照"一个人玩的玩具／大家一起玩的玩具"这个基准来划分类别（参照图6-5）。

【步骤4】也可以从纵向开始收拾

仅凭着这之前的操作就可以让房间整洁许多。但是，看了整理箱之后，您会发现上下还有许多空间，如果充分利用这些空间，就能够更容易地找出玩具。所以你也可以从纵向开始收拾。

再看一遍步骤2所做的分组，考虑一下有没有其他更大的分类法。比如说"需要电源的玩具／不需要电源的玩具"。这个分类也是能够想到的吧。于是，刚才的整理箱就能够分成更细的区（参照图6-6）。

但是，这里就产生了问题。好不容易整理完了，但是您看着架子，总感觉不是非常合适。心情不爽。想想原因，您就会发现整理后的架子与"下次要玩的时候能够立刻找到玩具"这个目的并没有完全吻合。比如在"去没有电源插头的地方旅行"这种情况下，现在的整理方法就很方便。但是，去那些地方旅行的频率很低。可见，难得有个整理箱，您却无法充分运用它。

需要电源

不需要电源

可以一个人玩的   大家一起玩的

图6-6　也可以从纵向开始收拾

【步骤5】再一次考虑分类方法

　　失败一次之后，再看一下刚才的分组就会发现别的分类方法。如果是按照"室内游戏的玩具/室外游戏的玩具" 这种标准来分类又会怎样呢（参照图6-7）？

　　看着收拾好的整理箱，心情会与刚才完全不同吧。感觉它与目的完全吻合。而且，看到这样的箱子，得到的效果不仅仅是整理好了玩具。您也能想出"想在外面玩还是在屋里玩？""请朋友一起玩还是一个人玩？"等选项。如上所述，整理好的信息，会给您带来创意。

　　实际上，如果能够做好这之前的操作，您就已经学到了逻辑思考的一个重要的技巧。像这样把所有的要素不重叠、不遗漏地整理

图6-7　再一次考虑分类方法

下来，在逻辑思考上称作MECE（译者注：相互独立，完全穷尽）。

　　能够把分散在房间里的所有玩具都收到箱子里的状态就是无遗漏地整理过后的状态（ME）。而在一个分类中，同一件玩具不会被数两次的状态就是无重叠地整理过后的状态（CE）。当然，玩具在整理的时候不可能重复计数。如果是信息的话，就有可能统计两次，所以必须做这种区分。

　　如此这般，稍微转变一下视角，在幼儿园学到的事情对商人也能够有所帮助。

整理大脑中一团糨糊的方法

　　这种整理玩具的方法也可以直接活用到整理头脑中的信息里

去。那么我们就快点把它适用在毛毛球事业上吧。怎样来划分、整理目标客户呢？

【步骤1】把握整体

希望大家能够环顾一团糊糊的大脑，就像环顾零乱的房间一样。但是头脑中的东西并不能用物理的方法看到，那就试着把它写在纸上，让它变成可见的。这个方法被称为"大脑转储"。做法很简单，就是摊开一张白纸，把头脑中浮现的词汇一个一个写下来。总之，就是把大脑里的内容全部清空，把一团糟的信息直接吐出来就行了。这时候，不是用大脑思考，而是尽量用手思考，随着手的移动，快速地把词汇写出来（参照表6-8）。

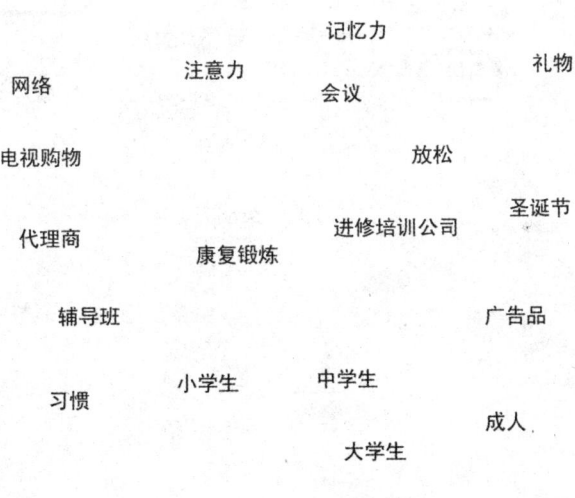

表6-8　把握整体

【步骤2】找朋友

和收拾玩具一样，找朋友分组。玩具能够用物理方法排列、替换。整理信息时，可以用彩色的符号来圈出同伴。

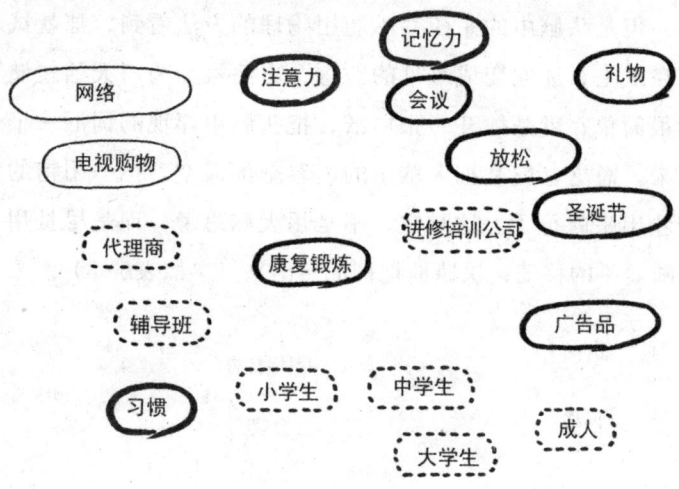

表6-9　找朋友

【步骤3】拿出整理箱，首先从横向开始收拾

整理玩具时，我们准备一个方形的纸箱。而整理信息时，我们在白纸上画一个方形的纸箱就行了。像这样，一边动手，一边考虑比步骤2的分组更大的分组。

这样就想到了"学习""生活""工作"这三个大组。整理架的横向就分成这三块吧。在每一块中填入大脑转储的信息就可以了（参照表6-10）。

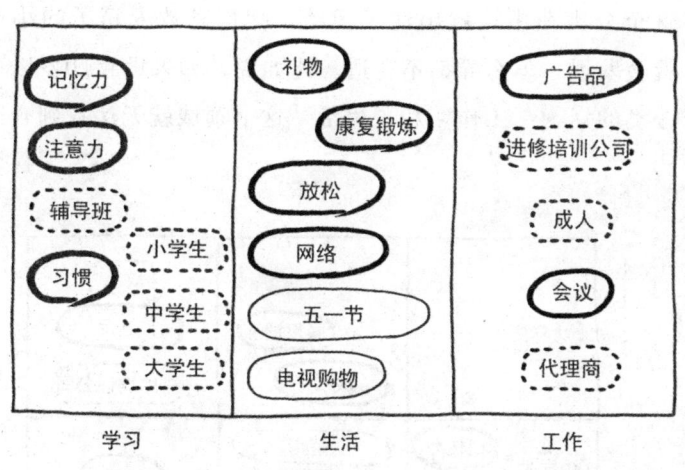

表6-10　拿出整理箱，首先从横向开始收拾

【步骤4】也可以从纵向开始收拾

为了一看到箱子就能够从里头取出信息，我们要试着在上下也分类。而以什么为分类标准呢？我们看步骤2的分组清单时，"年龄"这个词就自然而然地浮现在眼前。想着"这么做的话，行得通"，于是我们把纵轴定为年龄，开始整理（参照表6-11）。

如果标准不合适的话，有些项目就不能分类，而有些空间里就没有项目。

这个分类在中途就出现了问题。把信息放入箱子的小格中时，就会发现，怎么弄都不合适。比如说，如果设置10岁以下这一个分类的话，"工作"和"生活"这个领域就无法找到合适的

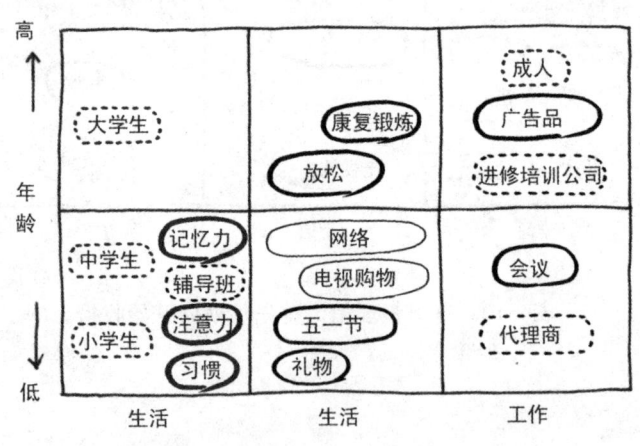

表6-11　（第一个尝试）试着也从纵向分类

信息。也就是说，会出现若干个空白的空间。

当信息整理清楚之后，真正的目的就会浮现出来，实际上试着画一下箱子然后发现失败之处，这是很重要的。夹克衫也是试穿几件之后才会发现：真正合适的与不合适的东西变得一清二楚。在和其他选项比较的过程中，自己真正的目的与意向也就变得很明确。这就是试验摸索的价值。

【步骤5】再一次考虑分类方法

在这里要注意的是：能不能有一个分类标准可以更加均衡地整理信息呢？于是就像刚才的玩具一样，您可能想到"一个人玩毛毛球／若干个人玩"这个分类标准，于是写上"个人／小组"的标签，试着上下区分（参照表6-12）。

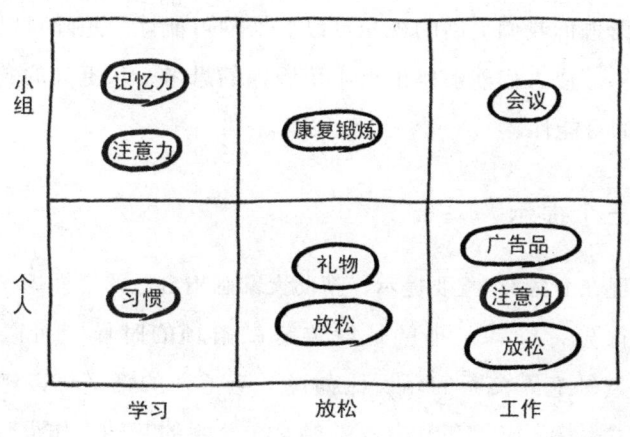

表6-12　再一次考虑分类方法

箱子画完以后，你感觉所有的分类都合适，看着心里就爽快。这就是有逻辑的图表。

或许您有一种印象，认为"合适"或是"心情好"这些说法与逻辑思考不符合。事实上，我和有才能的咨询顾问一起工作时，他们很多时候都是像这样，运用身体感觉来最终判断是否有逻辑。

看着整理完的信息，就像刚才整理玩具那样，只要看矩阵，就能产生许多想法。比如说，如果是用在小组的学习方面，可以互相投掷毛毛球来提高记忆力；如果是用在个人生活方面，就可以有效地缓解压力；如果是用在小组的工作方面，可以充分运用它来激活会议。通过整理头脑中一团糟的信息，能够发现一直被自己忽略的市场。

夏目漱石在小说《三四郎》中写道"大脑比日本更广阔"。这句话告诉我们更高的视角可以扩展的可能性。矩阵可以说是高速电梯，使人们能够跳出狭小范围内的思考，从更高的角度审视自己的可能性。

三个提示

现在介绍3个重要提示，帮助大家画出自己的个性矩阵。

首先，纵轴，也就是设定第二条轴的时候，可以选择与第一条轴毫无关系的轴。比如说，毛毛球的话，可以把与"学习""生活"、"工作"这些轴毫无关系的基轴当作纵轴。这时候纵轴就是"一个人使用/若干人使用"这个基准。与横轴的基准毫不相关，就像是水和油的关系。

像这样，如果设定时纵轴和横轴的基准不会重复，整理架本身的结构也会稳定。这和如果一个架子所有的角度都是直角，架子就会很牢固是一个道理。

刚开始设定的轴是"年龄"，分类进展得不顺利，就是因为它与"学习""生活""工作"这些轴有关联。因为横轴与纵轴的关系近，所以架子就好像倒塌了一样，没有稳定性。这并不是固定的规则，但是可以成为大家寻找第二个轴的概念时的一个小坐标。如果用不同性质的材料做容器，这个容器就能够包括各种各样的要素。

我运用了2×2和2×3的矩阵来说明第二个提示。当然每个小格的数量是与目的匹配的，有多少个都可以。即使是3*2和3*3也没有关系。总之，就像收拾房间一样，整理之后能够明白哪儿有什么东西就可以了。所以您可以自由设定小格的数量。

同时，也没有必要明确地设立小格。举个例子，我在市场营销中经常使用的图表中有一个"需要/欲望"分析图表。[②]这时候，就像表6-13那样，按照"高/低"来设定纵轴。

注：　②出处：拙作《60分钟让企业遥遥领先》。

通过研究需要/欲望这两个方面,可以让卖
不动的商品变成畅销的商品

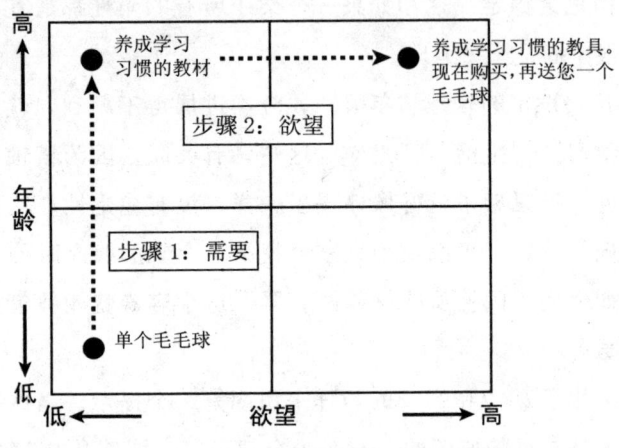

表6-13　需要/欲望分析图表

简单地说明一下。需要就是"必须要有这个商品"表示必要性的程度,而欲望则是"想要这个"表示欲望的程度。"必须要"而且"想要"的程度越高,顾客购买毛毛球的倾向就越强烈。

比如说,在毛毛球事业中,把顾客对象缩小到小学低年级的学生来考虑时,既没有必要去买"单个毛毛球",也不会有人想要买单个的,也就是说此时毛毛球的需要和欲望都很低,是非常不好卖的商品;而作为"养成学习习惯的教具"销售时,这使得许多家庭不得不培养孩子的学习习惯,所以我们可以认为此时

Needs是很高的，但是欲望并不高，因为顾客不明白使用毛毛球的教具有怎样的效果，所以就不会引起欲望。这一部分在表6-13的左上方。要销售这个教具，就必须提高欲望，让位置从左上方向右上方移动。

商家可以收集顾客的反馈，把顾客乐于讲述的故事——自己充分运用毛毛球，让孩子养成学习习惯——制作成影像。也可以制作限量促销的策划"现在购买，再送您一个毛毛球"。通过这些方法提高欲望。

与其运用这个图表固定地分析现在的定位，不如把它当作是创意的工具，把现在的大脑里的内容有形化，产生能够成为突破口的创意。当把抽象的世界转化为有形的东西时，工作的创意就会思如泉涌，而且内容超出您的预想。

最后，关于整理信息的方法，除了这个使用整理箱的方法以外还有许多。如果您想网罗这些方法，那么最简单的办法就是使用演讲中常用的软件PowerPoint2007里面的SMART ART功能。只要点击这个按钮，就能够同时看到"流程""循环""层次结构""关系""矩阵""锥形图"等6种模式。

但是，正如在前面所说的，其中使用最频繁的是矩阵。只要固定使用这个方形的箱子，以后只要改变箱子的形状就能够顺畅地整理信息。当您明白逻辑思考与收拾屋子没有多大区别时，想必就已经掌握了其中的技巧。

行动型逻辑思考①：得到理解

接下来想和大家说的是成为演讲高手的魔法。

如果一个人成了演讲高手，他也就成了逻辑思考的高手。您稍微思考一下就会发现，演讲就是为了吸引不同背景的多数人的关注，并简明易懂地表达自己的观点的行为。反过来说，如果一个人学会了优秀的演讲模型，他同时也就学会了逻辑思考的精髓。这是因为演讲的模型正是逻辑思考的结晶。

于是为了让您成为演讲高手，我想和您分享我很珍视的演讲模型。这个模型非常简单，但是一旦理解之后，就能够发挥超群的效果：它可以让您在短时间内思考要说的内容，归纳文章的结构。它恐怕会成为您这一辈子都不想放手的工具。

那么，我们一边把这个模型运用到毛毛球事业中去，一边学习它吧。

接下来，请您想象一下必须做关于毛毛球事业的演讲的场景。如果是您的话，会选择何种结构的故事呢？

首先，关于毛毛球事业，在这之前浮现的创意的基础上，现在这一刻要做的演讲中要包含的关键点是哪些？试着总结一下吧。

·能否把它作为一个工具，让无法静下心来的孩子们在短期内养成学习习惯？

·不是单纯地销售毛毛球这个玩具，而是和教材配套，作为一种技术诀窍来销售：提高注意力促进学习的技术诀窍、快速记忆的技术诀窍、学习的同时增加母子间的交流的技术诀窍。

· 从更大的视角来看，毛毛球的目标市场可以分成"学习""生活""事业"这3个领域。而且各自又可以进一步分为"面向个人"和"面向小组"。不论在哪个领域进行推广，都有必要收集有效运用毛毛球的事例。

· 收集面向个人学习中有效运用毛毛球的事例，制作宣传资料和影像。这样，面向小组的"学习""工作"领域的宣传也会进展顺利。

在这个阶段中，或许您会认为上面这些不能成为演讲的内容。但是，这时重要的不是追求完美。想要收集完美的信息再开始演讲的话，时间是永远不够的。

实际上有好的做法。

如果大脑掌握了整体，那么只要知道部分，就能够想象出整体的样子。就是说您要有填空的能力。如果想到拼图，您就能够了解这种力量。即使看着一小块一小块的拼图，要从它的图案中想象出整体图是很困难的。但是，一旦把握了整体图之后，就可以在大脑中把欠缺的部分用想象力补上，把部分与部分之间连接起来，迅速地拼出整体图。

这个过程就和准备演讲是一样的。现在，即使要用已经看到的4个要点来组织演讲，您也无法看出整体图。我们把流程颠倒一下，先把握整体图吧。接下来再用刚才列举的4个要点等信息来填补空白。这样大脑就会竭尽全力，首先填补尚未看到的部分。

	环节	大致时间	内容
1	开场	只要2～3分钟	相关的小故事、笑话、感谢（致歉）、Yes Set（注：让对方容易相信自己的观点的方法。先提出一些答案都是Yes的问题，再引导到自己的观点上）
2	主题	不到1分钟	今天，我想说的是……
3	前提	只要2～3分钟	我的建议是……
4	背景	3～5分钟	说到让我产生以上想法的背景……
5	论据1	根据时间的长度，可以让论据变长	有三个论点，我一个一个地说明。第一个论点是……
	论据2		第二个论点是……
	论据3		第三个论点是……
6	结论	只要2～3分钟	至于结论…… • 重复几乎与前提相同的事情 • 如果提到与开场相关的事情，听众就会感动

表6-14　根据［演讲的结晶］得出的60分钟演讲

首先从把握优秀演讲的整体图开始吧。能够吸引观众并且能够让观众理解内容的演讲类型就像表6-14所显示的那样。

演讲的结晶是由6要素组成的。首先，我希望大家看一下与毛毛球事业相关的演讲的例子。这个演讲中已经包含了所有的要素。

◆ ◆ ◆

【开场】

女士们先生们，您还记得小时候第一次坐在桌子前学习的情景吗？仔细一想，对于孩子们来说，这是一个非常大的变化。他们原本是一刻也不停地玩耍，现在却要坐在桌子前一动也不动。

我的孩子是5分钟也坐不住的。他不能集中注意力，一点也不想动手做作业。我为孩子的这种状态担心了很长时间。但是通过使用彩色的橡胶球，这个状态就开始好转了。不运动的学习对孩子们来说是很痛苦的。

【主题】

彩色的橡胶球——它叫作毛毛球。今天我想和大家说的，就是关于这个毛毛球事业的可能性。原本毛毛球是面向孩子的玩具，但是我想寻找它作为教育事业的市场性。

【前提】

我的看法是：毛毛球事业的发展在信息社会向知识社会过渡

的过程中，具有极大的可能性。仅仅是毛毛球的话，收益率非常有限。如果和教材配套售卖，它就能够成为毛利率超过70%的商品。预计第一个年度的销售数量能够达到3000套。

培养孩子们的学习习惯是一件极其重要的事情。而这种学习玩具是被人们忽略的领域。而且这种学习方法不是让孩子孤单地学习，而是通过亲子之间互动来加强学习效果。于是我认为这里就存在着建立互动学习法这个新领域的可能性。

【背景】

我发现许多家庭和我面临同样的问题，这就成了我调查毛毛球的事业性的背景。现在由于存在电视、手机等各种诱惑，这不仅无法培养孩子们的学习习惯，而且也牺牲了家长和孩子之间的交流时间。在我们家庭经验的基础上，是否有一个事业能够从本质上解决这个问题呢？我试着探寻了这个事业的市场性和可能性。

【论据】

在接下来的演讲中，我会从市场规模、目标客户的优先顺序、今后事业的扩张这三个角度说明毛毛球事业的可行性。

1.（这里探讨市场规模以及包括竞争对手在内的替代商品。※具体内容省略。）

2.（这里探讨目标客户的优先顺序。※具体内容省略。）

3.（这里探讨今后事业的扩张性。※具体内容省略。）

【结论】

结论是，毛毛球事业最初是以需要培养学习习惯的孩子的家庭为对象的事业，通过发展将来它会扩展成包括成人教育在内的所有教育领域的事业。

当有厌学情绪的孩子们明白可以一边运动一边学习的瞬间，他们会突然在运动和学习上都变得很优秀。请您回想一下，您第一次坐在桌子前的时候，您能立刻集中精神学习吗？现在的孩子们面临的诱惑更多，这是一个比以前更困难的环境。我相信：这个事业，就是在这种新环境下，养成学习习惯的一个宝贵的契机。

◆ ◆ ◆

希望您能够了解：这个例子的前提还是普通的演讲。如果这个例子用于做巡讲的演讲中，就有些"过火"的地方。之后，我会更客观地说明做巡讲的演讲的基本逻辑。如果明白了基本逻辑，就能够剔除"过火"的部分。这使得这个演讲变成适合在典型的商业会议上发表的内容，这个过程非常简单。

在这里希望您理解的是，如果运用"演讲的结晶"，您就能够从头到尾不停滞地把握整个故事。一旦了解了其中的机制，您就可以顺畅地准备演讲。

现在我们详细说明构成演讲的结晶的6要素。为了提示每个部分的大致时间，这里把演讲的整体时间设定为60分钟。对于更长的演讲或更短的演讲来说，"模型"本身是不变的。

【开场】

为了给听众一种安心感，并且吸引听众对接下来要说的内容产生兴趣，开场大多是对听众表示感谢，或是说一个笑话让大家笑一笑，或是说一个与当天有关的小故事。时间上把握在1～2分钟。

开场用到的具体方法中，有一种叫作Yes Set。就是在演讲的开头重复一些不论是怎样的听众都能"嗯、嗯"点头的信息。比如说，"今天，感谢大家在百忙之中，从四面八方赶到现场。"对于这种信息，谁都无法否定。接下来也是说大家能够肯定的内容。"大家一定事先看了今天的主题吧。"就是像这样，不断重复大家都能说Yes的内容，逐渐把听众吸引到你的话题中去。

或许您会认为这一部分与逻辑思考没有关系。但是对于得到理解这个目的来说，它是一个非常重要的部分。因为我们在前一章说明过了，为了让掌控逻辑的"人类脑"发挥功能，其前提就是把"这是安全的"这个信息传递给"爬行动物脑"。之后还必须要满足判断好恶的"古哺乳动物脑"。也就是说，如果您在开头就给听众留下了危险、厌恶的印象，在那之后，不论您的提案如何正确，都无法让听众理解里面的内容。于是，如果在开场时制造一个充满安心感和信赖感的平台，听众也会做好处理有逻辑的话题的准备。

【主题】

明确地说"今天的主题是○○"。时间上不到1分钟。

在开头就表明主题的原因是为了让讲话的内容更有针对性。如果规定的主题不明确，会出现这样的错误：您在完全不明白要点是什么的情况下，唠唠叨叨地说个不停，快到结束时，自己才明白自己说了什么，赶紧说"我想说的是……"

而对方也在不知所云中听到了最后。明确主题，就是明确演讲的最终着陆点。通过共享目标，推进双方的理解。

【前提】

"我的想法是○○"就是阐述与主题有关的主张。前提就是主旨的意思。在这个部分明确地提出自己的主张。如果只是明确地提出自己的意见，不需要太多时间，只要1～2分钟就够了。

如果听众不明白您对主题持有怎样的意见，就不知道该用什么立场来听您的演讲，于是在听到一半时，就容易无法集中注意力。同时您自己也会在直接说出自己想到的内容时，在半道上发现意见上自相矛盾的地方。即使您认为自己有明确的观点，如果无法清晰地用语言表达出来，观点就会动摇。

考虑前提的技巧就是先说"总之，我想说的是……""开门见山地说，我想说的是……"等等之后再补上其他句子。而且这对于听众来说，也是最想听的关键点。像这样，我们在说到演讲的本论之前，先明确打出自己的观点。这是基于逻辑思考的基础"先从结论说起"这个原则。

【背景】

"我想到○○意见的背景是……"像这样讲述前提中提到的背景。时间为3～5分钟。

先说明背景，更能够得到听众的理解。这是因为在这个过程中并不是单纯地说赞成或反对，而是把自己形成的意见的经验、体验与听众共同分享。

【论据】

它是详细说明前提中所阐述的意见的根据部分，也是演讲的主要部分。这个论述根据部分的长度可长可短，它决定了演讲的整体时间。换句话说，不论演讲整体的时间变长或是变短，从开场到背景的讲话时间都不会有什么改变。如果是简短的演讲，就可以用压缩论据，或减少论据数量的方法来调节时间。反过来说，如果是长的演讲，可以详细阐述论据，也能够增加论据，说服力也会因此变强。

关于论据，在开始说话时，最重要的是预测故事的发展。例如，"我将分三个观点进行说明""关于我的提案，我想分成利与弊这两部分进行说明""我要说的是掌握这个技术的7个步骤"。就好像在地图上说明目的地一样，通过说明故事发展的方向，让听众能够一边整理信息，一边理解。

预测故事的发展方法中，最频繁用到的是讲述3个要点的方法，被称为"魔法数字3"。当然，要点的数量是3个或4个或是更多，这都没有关系。数字3是最适合推进讨论的。关于它的理由，您想象一下3点测量法就可以了。如果只有XY两点，是无法确定空间的位置的，只有当XYZ这三点具备了以后才能确定。同样的，关于您的意见，如果只有2个论据，听上去就会觉得很暧昧。有3个论据时，才开始具有说服力。即使从实务工作角度考虑，一个两个论据也是不够的，而要让人听4～5个论据，又太冗长。所以最合适的就是三个。

希望您把它听进去一半就够了。即使想要说的话还没有完全组织好，先说是"有3个理由"，这也是有效的技巧。有的人在会议上发言时说"有3个要点"，实际上只说了2个，或是明明有3个以上的要点却非要归纳为3个，这种情况也不少见。听众中也不会有人质疑要点的数量是否正确。不如说他们是听到"有3个要点"时更安心，更能够做好倾听的准备。魔法数字3具有推动力，也是让您在他人面前留下说话很有逻辑的印象的最简单方法。

【结论】

在结论中，没有必要给出新的信息，直接重复前提就足够了，因此时间只要2～3分钟，长的话，也是4～5分钟。

当演讲快结束时，分享一下能够让人感动的提示，再次提到开场中提到的相关信息。请您再看一遍毛毛球的演讲事例。再一次提到了"孩子们第一次坐在桌子前的事"。如果您非常仔细地看电视剧或是电影就会发现在开场和结尾中会出现好几个相通的场景。在人们即将忘记的时候又返回去重温一下，这被称为飞镖效应。过去和未来融合在一瞬间，唤起人们的感动。

在演讲时如何收尾，这是让人很头痛的问题。把开场和结尾合在一起这个小智慧就非常管用。使用这个演讲的结晶可以让演讲既符合逻辑又能够让人感动。

演讲中的逻辑思考精髓

为什么在学习演讲方法的同时能够掌握逻辑思考的精髓呢？您看了表6–15就能够明白。

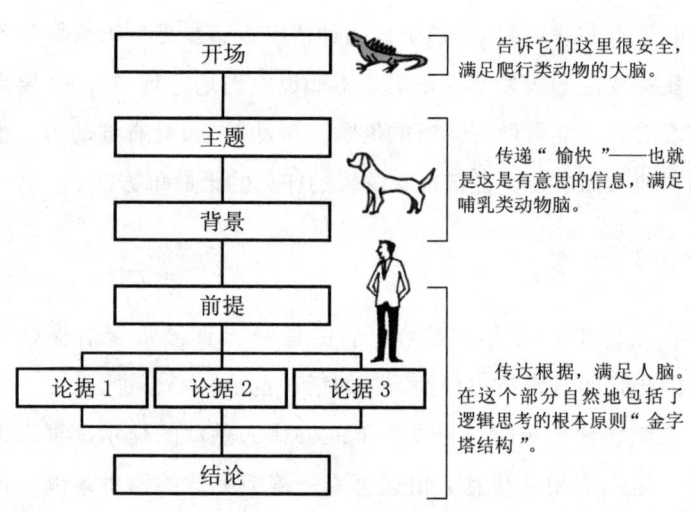

表6-15　演讲的结晶和各要素的目的

226

把演讲的结晶列出来之后，就能够发现它的主要部分是"前提（主旨）""复数的论据（根据）""结论"这三层结构。在这个结构中，自然地蕴含了"从整体到部分""做出预测"等逻辑思考的原则。

要针对"论据"进一步进行说明的话，就在论据下方罗列需要的信息。比如说刚才的例子，目标客户的优先顺序如果定位为"有需要培养学习习惯的孩子的家庭"，就有必要进一步讲述它的根据。而寻求根据的最有效的方法是，说完自己的意见之后，接着说"为什么呢"，再补上其他句子。实际上如果试着写一下，就会变成下面的样子。

"首选的目标客户就是有需要培养学习习惯的孩子的家庭。为什么呢，在其他具有市场性的选项中，'辅导班等教育机构''企业进修培训公司'也是可以考虑的。但是，如果以他们为目标客户作为前提，要收集毛毛球有利于提高注意力的事例，就必须要先收集在学习上提高成绩的数据。这种方法更有效果。"

像这样，反复使用"为什么"这个关键词，可以把暧昧的意见的论据变得很严密。不断问"为什么"，刚才的图表就会变成表6-16那样。

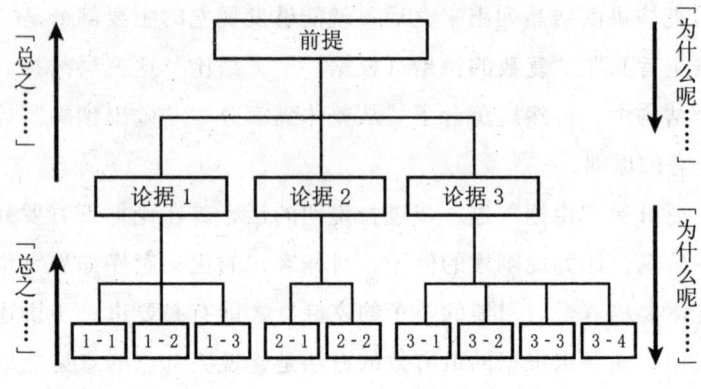

表6-16　演讲的结晶的构成

　　这就是逻辑思考中被称为"金字塔结构"的方法论。先明确表明自己的意见，在这之后，通过"为什么呢……"这个疑问，摆出明确的根据。在摆出了所有的根据后，在"总之……""也就是说……"这些词之后补上句子——也就是说在"结论"中总结一系列的议论。

　　以上的6个项目组成了演讲的结晶。如果掌握了这个方法，过去觉得发言很困难的人，也能够总结出简明易懂而且引人入胜的话来。这是我自己在别人面前发表意见时，用得最频繁的方法论。或许您会发现，这本书是由演讲的结晶构成的。

　　学会了演讲的结晶之后，还有容易出错的地方，那就是有许多人会直接把考虑主题、前提、背景等项目的内容时打草稿用的话直接用了。比如说"今天的主题是……""我的意见是……""我得出○○想法是鉴于……"这些句子只是导出大家创意的一个参考，虽然直接使用也没什么不可，但由于它太过呆板，听众听到的就不是你的原话，而是像在听你转述别人的话。重要的是要自己思考，用自己的语言来表达意思。所以当您实际写文章或是演讲时，请根据前后文的脉络对文章进行修改与调整。

另外，根据这个模型来考虑内容时，不能从开场白开始。当您想说一个出彩的开场白时——就好像面对纯白的稿纸一样——大脑也不运转了。最容易准备的是前提。从确定最想表达的意见入手，演讲的最终着陆点也就决定了。这样就很容易把握其中的脉络关系。

学会了演讲的模型之后，您是否对逻辑思考有了感性的理解呢？这是因为在优秀的演讲中凝聚了逻辑思考的原则。

不论是学习什么，首先都要把握整体图，之后再掌握部分，这样能够有效地使用该技术。当然逻辑思考也有进一步的详细规则和技术。如果您以刚才接收的精髓为基础，再阅读一些与逻辑思考相关的书籍、杂志，您就会发现：原来觉得很难的内容，现在也能够很流畅地读下来了。

行动型逻辑思考③：得到支持

正确的逻辑和得到支持的逻辑，您想使用哪一种呢？

被问到这个问题时，几乎所有的人都会在稍微考虑之后，回答得到支持的逻辑。为什么稍微考虑了一下呢？那是因为他们第一次发现正确的逻辑不一定就是得到支持的逻辑。

当然，正确地积累事实，再发现从根本上解决问题的方法的过程是极其重要的。但是，只要有正确的事实就无所不能了吗？现实并非如此。

正确性会伤害人。

您想象一下身边的例子就会明白。这就像是男女关系中常常提到的一个问题。当女性向男性倾诉自己的烦恼时，男性很有逻辑地说出解决这个烦恼的方案。于是，会怎么样呢？男性认为自己很好心地告诉了女性正确的解决方案，而女性则认为自己的情感受到伤害，不再开口。因为这个女性不是要谋求解决方案，而是想要寻求共鸣。

在商业环境中，即使用正确的逻辑找到了问题的本质原因，解决方案也很难得到实施。为什么呢？原因在于它会给相关的人留下一种印象：自己过去拼命做出的工作被否定了。正确的提案因为它的正确性而动了人们感情上反弹的扳机。

只要认清了现实，想要改变就不是难事。比起不给周围的人说话余地的正确逻辑，我们更需要人性化的逻辑。所谓人性化的逻辑是能够在被评论的同时，引出各种发言，通过小组的讨论，升华为更好的创意。我们追求的不是有逻辑的人，而是有人性化的逻辑的人。

"行动的逻辑思考"不是让人的头脑符合逻辑的操作，而是推进与人有关的项目的机制。也就是说，我们不得不考虑团队的活性化。只有知人善用，才能够想出具有可行性的逻辑。

学习团队活性化的好处有2个。第一个是为把激动人心的假说传递给周围的人预先做好准备。您的提案越有价值，对周围的人的影响力就越大，也必然就会产生反弹。于是，为了推动提案变成可执行的项目，您就有必要事先想好典型的消极反应。

第二个好处是如果有团队活性化的知识，即使遇到消极的反应，您也能够把它转化为积极的推动力。消极的反应或事件，绝对不是坏事，如果充分利用的话，它们能够成为找出项目本来面貌的契机。

得到这两个好处之后的力量是很强大的。您不但会思考正确的逻辑，还会运用强大的机制来实现正确的逻辑。

电梯的原理

"团结一致、积极乐观、向着目标、勇往直前。"

"全体职员积极思考、实现目标。"

许多企业都认为这样的团队是最理想的。但是，在实现这个状态之后，却发现它未必是理想的状态。认真观察现实，我们就会发现实现团结一致向目标迈进、全体职员积极思考都只不过是一时的事情。因为会产生反作用，所以以超积极的组织为目标，反而会阻碍目标的实现。

假设您想通过商业引起变革。根据这种变革的大小，会刮起逆风。即使您构建了符合逻辑的正确战略，也不可能让逆风的风力变弱。如果不想刮起逆风，那就只有参与不会引起变化的项目。

也有意见认为，如果能够完美地安排达成目标的路线，就有可能让逆风消失。理论上是这样的，但是逆风并不会因为变化的大小而消失。周密的计划因为想到了最恶劣的情况，所以心理上的打击确实会小一些。也就是说，事先想到有暴风雨，做好了相应的准备就能够到达目的地，但是却不能让暴风雨消失。

正确的逻辑不可能让逆风消失。当您明白这个现实的时候，就能够实现优秀的团队管理。这乍一看，或许觉得不自然，但是事实绝不是这样的。比如说，请您想象一下电梯。电梯向上移动的时候，同等重量的重物必定会向下移动。用物理的术语来说，就是作用与反作用定理。这个定理对于团队管理同样有效。也就是说，要使事物发生积极的变化，就会产生等价的消极的力量。

作用与反作用的定理，在前一章介绍的报数字的短剧中也会发挥作用。认真观察的话，您会发现，随着剧情的发展，6人的团队中，每个人的作用会不断分化。可以分成大声地报数字的人和小声地报数字的人。而且团队整体就像钟摆一样：过于积极时，会回到消极，而过于消极时，又会变得积极。虽然团队的人员事先并没有说好，但是他们所制造的平台的基调就是在积极与消极之间摇摆。

团队活性化的"桃太郎理论"

在项目推进的过程中，进一步观察团队成员的行动，我们就会发现其中产生了比消极、积极更明显的四个角色。为了理解这四个角色，我们把它们比喻成童话故事《桃太郎》就很容易理解。

在项目推进的过程中，团队成员所扮演的角色，直接表现了《桃太郎》中出场的桃太郎、狗、猴子、雉鸡这四个角色的特征。换句话说，就是如果您理解了桃太郎中的四个角色，就能够适当地处理项目推进过程中产生的各种困难。《桃太郎》是最适合学习管理的教科书。

我们先明确《桃太郎》中出场的四个角色在商业上的意义吧。

桃太郎决定到鬼之岛打倒魔鬼，打着旗帜上路了。用商业的话来说，桃太郎就是具有长期愿景的领导者，他可以说是改变世界的"企业家"的象征。

桃太郎打出旗帜之后最早出现的是狗。它说："请给我一个黄米团子。我将跟随您。"狗是"实务工作者"的象征。它擅长的能力是：为了实现目标而策划现实的方案并执行。如果只有桃太郎的话，"打倒魔鬼"这个愿景也就只能是旗帜。但是狗加入到队伍中，于是为了实现梦想，它开始明确"今后要怎么做"，在企业中，它就是领导的左膀右臂。

下一个出现的是猴子。猴子很聪明，象征着企业的"管理者"。它考虑实务工作者狗所制定的计划是否有漏洞，是否有更有规律、更有效率的做法。它把精力放在让重复发生的事情系统化上。在公司里，经理和系统负责人就是这个定位。

最后出现的是雉鸡。为了理解它的角色，我们对桃太郎、狗、猴子的关系，再稍做说明。

桃太郎、狗、猴子各自都有优秀的能力。如果他们的能力能够在适当的时机平衡地发挥出来，项目就会顺利实施，不会遇到问题。但是要控制这些能力是非常困难的。因为各种不同的能力会相互碰撞。

首先容易出现对立的是桃太郎和猴子。桃太郎总是追求变化，如果状况稳定的话，他就一个劲地担心自己的成长是不是停止了，想要引起新的变化。他不能忍受每天重复相同的事情。

另一方面，比起变化，猴子更重视稳定。当工作朝着符合规则、符合预期的方向前进时，它就感到安心。它最讨厌突然加班和无法预测的事情。

于是，如果不能相互理解，就会产生大问题。在桃太郎想要做一件新的事情时，猴子就会"喊停"。而桃太郎为了再次做猴子喊停的事情，就会让猴子离开队伍。在众多的成长型企业中，管理部的高层CFO、财务经理、会计经理走马灯似地换，就是这个原因。

但是，如果没有了管理者猴子，事业就一直不能系统化，所以不能走上成长的轨道。没有强有力的管理团队，当桃太郎体力耗尽之后，事业的规模就会一下子缩小，公司就只能一直停留在家庭作坊的阶段，不能成长为企业。

桃太郎和狗的目的都是去鬼之岛，所以最初他们是志同道合的。但是，不论狗制定了多么具体的计划并实现它们，桃太郎总是不断拿出新的课题。于是，时间久了，狗就会觉得疲惫，和桃太郎的关系也会产生裂痕。

猴子和狗，互相都对"不是明天，而是今天，要做些什么"有共同的兴趣，所以一开始相处得也很顺利。但是日子久了。猴子就变得官僚了，不思变通，所以双方也会发生碰撞。

当出场人物象征的各种能力得到均衡运用时，不会产生问题。但是随着项目的深入，这个平衡就会发生微妙的变化。正如《桃太郎》中出场的顺序一样，发挥这种能力是让项目成功的诀窍。首先要成立一个项目，就需要有提示愿景的桃太郎和制定计划的狗。之后，为了让项目走上正轨，实现计划的狗和将业务系统化的猴子进行了工作交接。

像这样，随着项目的推进，每一刻应该活用的能力的平衡都在变化。把随时都可能产生对立的有才能的人按照某种绝妙的平衡组合在一起并进行掌控，是非常困难的。正如赛车的四个轮子往四个不同的方向跑，一边要指定轮胎的方向，一边又想让它每小时跑300千米，什么时候赛车在空中解体了，也不是怪事。

把这几个对立的有才能的人整合在一起，需要的是雉鸡。

雉鸡是所谓的政治家型人才。它能够从长远的角度将项目的推进效率化。它擅长在团队成员对立之前，站在各个成员的立场上，巧妙地总结，打好基础。

这个角色在一般的企业部署上很难考虑，非得说的话，就是人事部。人事部的某个职员，扮演雉鸡的角色，充当宴会公关人员。他的实际业务能力与管理能力都很差，但是到了宴会的时候就变得活跃起来。在会议上，他不怎么发言，却最注意观察周围的人物以及人际关系。所以在宴会上，他们的模仿秀很到位，很精彩。

最近不论在哪个企业中，宴会公关人员都逐渐变少了。于是，要说到什么样的人在现实中发挥雉鸡的角色，那就是对组织最敏感、最能注意周围气氛的职员。有时候他们容易重复不必要的错误，而且在精神和身体上容易生病。他们通过这种消极的行为延缓项目整体的进程，在无意识中避免了团队在空中分解。

雉鸡对人际关系考虑得很周到。可是即便如此，还是有人可以和它发生冲突，那就是狗。为什么呢？因为狗是按照计划行事的，今日事今日毕，而与此相反，雉鸡认为人际关系不稳定会让组织运营的效率低下，所以想要避免这样的事发生。"今天就想引起变化" 的狗和"今天不想引起变化"的雉鸡是互相不对脾气的对手。

以上四个角色用矩阵总结起来，就是表6-17。

团队中一定会有的四个类型……

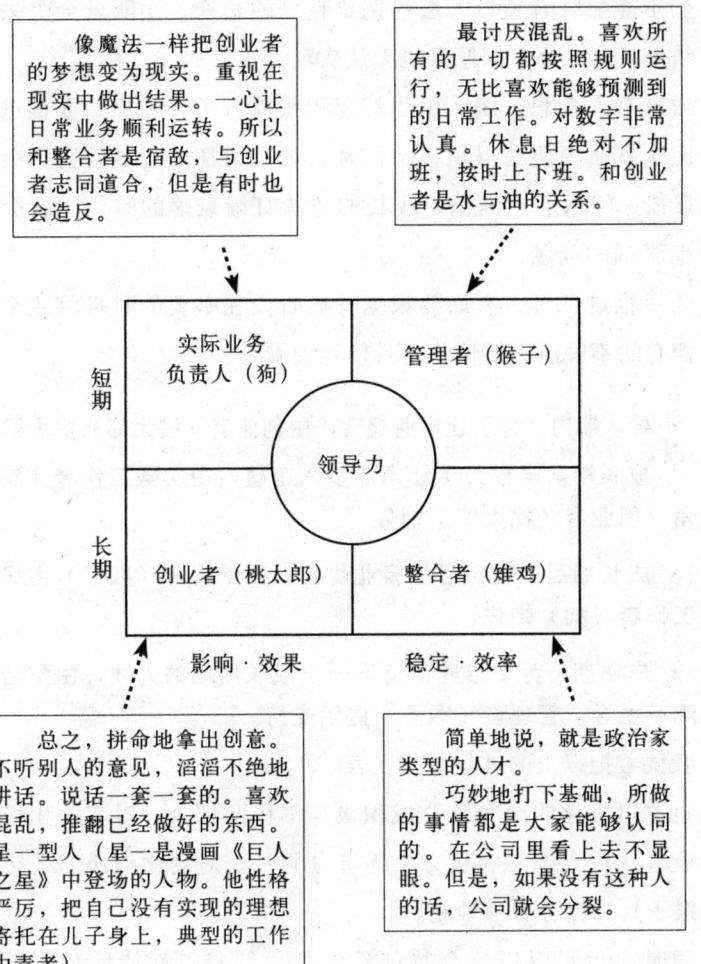

像魔法一样把创业者的梦想变为现实。重视在现实中做出结果。一心让日常业务顺利运转。所以和整合者是宿敌，与创业者志同道合，但是有时也会造反。

最讨厌混乱。喜欢所有的一切都按照规则运行，无比喜欢能够预测到的日常工作。对数字非常认真。休息日绝对不加班，按时上下班。和创业者是水与油的关系。

	影响·效果	稳定·效率
短期	实际业务负责人（狗）	管理者（猴子）
	领导力	
长期	创业者（桃太郎）	整合者（雏鸡）

总之，拼命地拿出创意。不听别人的意见，滔滔不绝地讲话。说话一套一套的。喜欢混乱，推翻已经做好的东西。星一型人（星一是漫画《巨人之星》中登场的人物。他性格严厉，把自己没有实现的理想寄托在儿子身上，典型的工作中毒者）。

简单地说，就是政治家类型的人才。

巧妙地打下基础，所做的事情都是大家能够认同的。在公司里看上去不显眼。但是，如果没有这种人的话，公司就会分裂。

表6-17　管理的桃太郎理论

随着各自作用的细化，如果为了实现同一个愿景而走到一起的人们不能配合着项目的进程调整自己的长处，团队就会失去平衡。结果，本来共享的愿景也无法实现。

或许有人会想，团队整体都变积极就行了。当然，要推进项目，团队就必须要变得积极。但是，如果矫枉过正，就会产生消极的反馈。问题逐渐堆积，成长的势头日渐衰落的时候，就会不断产生深刻的问题。

为了推进项目，有必要根据发展阶段在必要的时机将四个角色所拥有的不同能力活性化。具体地说就是：

· 导入期内，为了让事业起飞，由创业者（桃太郎）挑大梁。

· 成长期前半程为了让事业步入正轨，由实务工作者（狗）唱主角，创业者（桃太郎）辅佐。

· 成长期后半程为了让事业稳定，由管理者（猴子）主导，实务工作者（狗）辅佐。

· 成熟期，为了培养创造下一个成长周期的人才，由整合者（雉鸡）主导，管理者（猴子）提供支持。

我试着把以上的过程总结在表6-18中。

也可以把这四个角色分成积极与消极两部分。对变化积极的是创业者（桃太郎）和实务工作者（狗）。对变化消极的是管理者（猴子）和整合者（雉鸡）。

同时，也可以把这个特征看作是象征着男性特性与女性特性（注：心理学家认为，每个人天生都具有异性的某些性质。男性特性与女性特性指的是与性别无关的男性性质与女性性质）。一般来说，我们可以认为，桃太郎和猴子是偏男性的特质，而狗和雉鸡则是偏女性的特质。当然，根据人物的不同，能力也不一样。不是说肉体上是男性，所以适合做创业者和管理者。也不是说所有女性都适合做实务工作者和整合者。

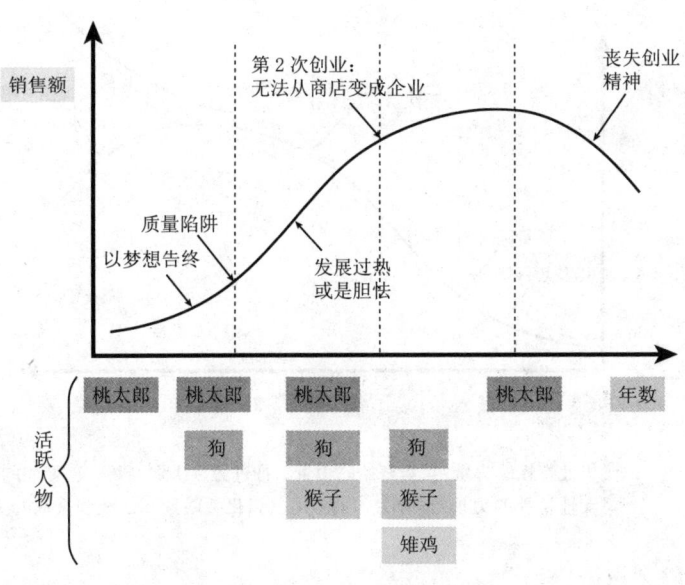

表6-18　事业周期理论——事业的时期和典型的症状

但是，特意把男性特性与女性特性拿出来说明的理由是为了强调：项目的进程不像传统价值观所想象的那样，只要有男性特性就能顺利进行。应该说，能够出成果的组织是能够在合适的时机把男性特性和女性特性共同拥有的优秀才能适当均衡地活性化的组织（参照表6-19）。

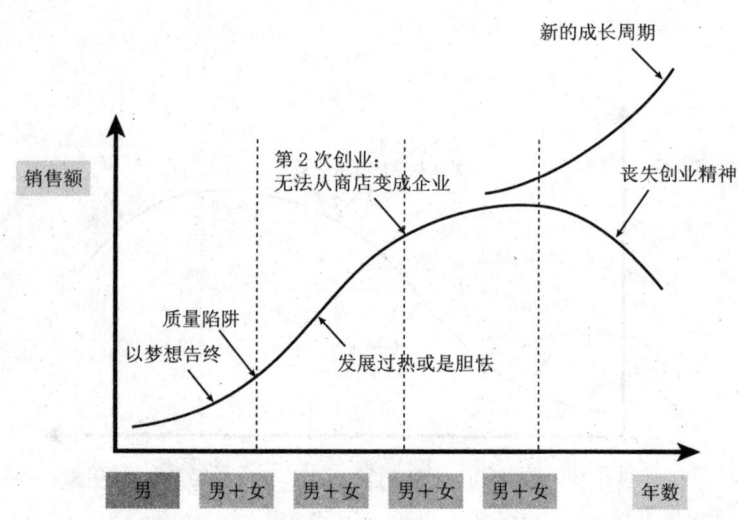

男性特性的力量：重新开始的力量、推进力（决定判断）、聚焦的力量
女性特性的力量：培育力、调整力（强化关联性）、统观全局的力量

表6-19　促进事业成长的男性特性、女性特性的力量平衡

有趣的是，团队成员所承担的角色并不一定就是根据他的性格而一成不变的。谁扮演哪个角色，是由团队形成的平台决定的。

比如说，平时发挥强大领导力的桃太郎加入别的项目时，那里的团队已经有自己的桃太郎了，所以他扮演的是狗或雉鸡的角色。同样，平常负责确认项目里是否有漏洞的猴子到别的项目里时，就可能变成扮演提示愿景、推进项目的桃太郎的角色。我们可以说，健全的组织，是成员能够在感受各自所在的团队形成的平台后，扮演最适合自己的角色的组织。

要想成立一个项目并得到结果，一边倒的积极并不是理想状态。成功的关键是从消极状态中找出机遇，导出消极成员的能力。

看看现实，在想要推动有价值的项目时，不论召集了多少人才，总会产生多样性。因此，我们不能用一个价值观把团队变成一块石头，而是承认已经存在的价值观的多样性，从更高的视角整合这些不同的视角。这决定了项目的成败，也是新时代的领导者必须具备的。

消极的事件全都是疑问

在明白了团队活性化的机制之后，究竟该如何把这个知识运用到项目运行的实际中去呢？

这里想强调的是，仅仅是得到了这个知识，您的领导器量就已经大了许多。正如我们前面所说的，在您想要引起有价值的变化时，就会出现阻止变化的举动。而能否预测到这一点，与您心灵空间的大小有关。

单纯的消极事件并不会阻止项目的进程，反而让您能够站在高处审视项目全体。您不用气馁，通过这个事件，可以得到在更高的层次推进项目的提示。

比如说，毛毛球事业中，您有一个激动人心的假设："以需要培养学习习惯的孩子的家庭为对象。"但是，这个假设进入执行阶段时，出现了各种批评：没有接近对象顾客的数据库；没有科学的数据说明毛毛球对提高注意力有效；财务上的证明很暧昧；因为市场准入门槛低，什么企业都能加入；即使流行起来，也一定是一时的潮流。在您面前会出现许多给您泼冷水的人。

但是，对于提案的消极评论并不是对您的批判，它们全是大家提出的问题。"没有接近对象顾客的数据库"这个评论就是提问"有其他接近对象顾客的方法吗？""没有科学的数据"这个评论就是提问"短期内收集科学数据的最好的方法是什么？""也一定是一时的潮流"这个评论就是提问"能够持续深化与顾客的关系的商业模式是什么？"那些批评都能够像这样被替换。

通过把所有的批判与消极的事件转化为问题，就能够得到推进项目进行的宝贵提示，得到从更大的视野重新构建项目的定义的契机，消极性就会像钟摆一样变成积极性。为此，我们不是要阻止这些动向，而是要追问消极的意义。

在团队内的角色不同，关心的事项也不同。

角色	视角	关心事项
创业者 （桃太郎）	长期、得出结果 （扩大影响力）	【WHY】 ✓ 为了什么？ ✓ 目的是什么？ ✓ 愿景如何？ ✓ 市场的定位如何？
实务工作者（狗）	实务工作者（狗）	【WHAT】 ✓ 具体该做什么？ ✓ 花费多少资金？ ✓ 计划／时间表
管理者 （猴子）	短期、提高效率	【HOW】 ✓ 怎么处理？ ✓ 会产生多少操作？ ✓ 用现有的系统／方式能处理吗？ ✓ 法律风险是什么？
整合者 （雉鸡）	长期、提高效率	【WHO】 ✓ 会对人际关系产生什么影响？ ✓ 实施这个决定后，每个人的感受 　如何？ ✓ 该做怎样的交流？ ✓ 怎样分配？

表6-20　四个角色和关心的事项

当然，我们可以通过事先的周到准备来缓和消极的评论。事先从四个视角探讨项目的相关事项，并把它们纳入到提案中去。至于各个角色关心的事项，具体请见表6-20。

如果是您自己的策划，您就有必要针对与您持对立视角的人进行思考。如果是桃太郎就要站在猴子的视角思考，如果是狗就要站在雉鸡的视角思考，因为意识到对立的视角，可以做出多层次、多方面的提案，也就能够做出容易得到全体支持的提案。

但是话虽如此，能够完整地在四个视角的基础上设计项目的人是非常少的，能够做到这一点的人，可以说是超人了。

所以，重要的不是一个人构建正确的逻辑技巧，而是充分理解团队活性化的机制，从团队的成员身上引出多个视角的技术和把技术整合成连贯的行动计划的技巧。当成立了一个得到支持的项目时，头脑中的想象才会开始向现实飞跃。

◆ ◆ ◆

本章一口气说明了原本需要几本书介绍的广泛的技巧——制作自己的个性矩阵、成为演讲高手以及成为领导管理各色人才的方法。于是，您那心情澎湃的假设就具备了"得到理解""得到认同""得到支持"所必需的知识。

或许有人会感叹"能够全部做到这些事的人是特别的人"，有人会认为"如果没有长年积累的经验是不行的"。这么多的技术要在短时间内让每个人都掌握是不可能的，这是常识。

但是，我有必须加急的理由。

为了从没有目标的漂流中脱身，踏踏实实地踏上知识社会，我们必须在今后短短的几年内，做出许多有社会价值的项目。然而我们并没有那么宽裕的时间来花好几年的时间培养能够成为领导者的人才。

而且，行动所需要的许多准备事项都是我们已经知道的。正如我们能够收拾屋子，所以我们也能够整理头脑中的信息，并且用容易理解的话说出来，告诉周围的人。能够讲述桃太郎的故事之后，我们就明白要实现自己提出的愿景，需要如何与他人建立合作关系。这些宝贵的智慧，是我们都知道的。

在某个房地产公司里，有一个成立了CSR（社会责任）部门的新职员。他从学生时代就非常关心环境问题，把CSR的工作当成是自己的终生事业。所以，他进入公司以后，就在公司内发起建立了讨论环境问题的学习会。之后，在公司创立30周年的新事业宣传活动上，提出了成立CSR部的企划，获得了最优秀奖。当CSR部门成立后，他就成了部门经理。

我们必须在短期内大量推出这种有价值的项目。如果说知识社会是让周围的人120%HAPPY的项目，现在的世界就正以前所未有的速度使之变成现实。而这个变化就是从您推出连自己都很震惊的让心情澎湃的假说时开始的。

第7章

打破僵局的CPS
（Creative Problem Solution）

　　诀窍就是不用大脑思考。您就想成是让手思考，试着逐一写出您想到的词语。当想不出来时，就把笔放在左手吧。在您生硬地涂涂抹抹的时候，或许会发现自己写出了想都没想过的词汇。即使是这样，也不要心怀疑问，请继续写下去。于是在这个过程中，您常常能够"啊"的一声恍然大悟就想出了个主意。

高中生也参加的周末会议

"我看到的形象，是大的星星。与其说它是一闪一闪的星星，不如说它就像是手机公司的CM广告中出现的人造形象。"

2007年10月20日，星期六。

巴赞教育协会在教育机构中普及思维导图。这天对巴赞教育协会来说，是历史性的一天。它立志成为公益社团法人。为此，协会举行了起草成立发起书的会议。

现在，教育面临着各种困难。如果不构建一个适合这个时代并且从根本上解决问题，还能够延续五六十年的理念……协会的成员充满了责任感与紧张感，仿佛自己起草的是宪法。

本来制定与教育相关的理念，必须是在教育界有丰富的知识和经验的人负责的。但是，当时的协会成员中，只有一位是公立学校的优秀教师，剩下的都是民间的商人。当然，在这会议中提出的理念，之后要经过有识之士的多次讨论才能决定下来。但是，如果没有一个基础，就什么都无法开始。于是，草案的起草工作就交给了协会的成员们。

这些非教育领域的人，必须立足于教育的历史，寻找有品格的教育的未来……这是很困难的课题，但是他们想从只有局外人能看到的视角做出贡献。所以，为了让多样性的成员之间能够有对话的机会，协会决定在周六召开会议。因为周六大家都能够腾出时间。

上午10点召开的会议召集了在读的高中生、曾经的初中或高中教师、家庭主妇、公司职员以及经营者等8位不同职业的成员。具有多样性的团体，在知识社会中是竞争力的源泉。所以，如果这8位不同年龄、不同职业的成员团结合作，应该能够发挥出优异的创造性。

从理论上我们是理解的，但现实又如何呢？

这个课题要用具体的语言来塑造教育理念这个极为抽象的概念。大家的用语不同。大部分人还是第一次见面。而且，时间只有半天。在这种状况下，如何才能够让成员心灵相通，解决难题呢？通常的会议模式是各个参加者陈述自己的意见，主持人进行完美总结。很明显，如果用通常的会议方式，是不能够得出有意义的结论的。

于是，参加会议的成员采取了非常新颖的解决方法。这个方法是从乍一看毫无关联的形象中寻找解决方案。把头脑中浮现出的形象当作是解决方案的象征，用词汇来解释。这样就不会被既有的概念束缚，能够产生别具一格的想法。

因为是形象——不论是高中生还是经营者——他们的语言体系是相同的，这在不知不觉间就消除了无法沟通的危机。参加会议的成员开始共享原汁原味的形象。但是，他们不明白如何把这个形象变成有形的教育理念。"究竟，这个游戏会走向何方？"这种不安让大家都不敢互相张望。

当女高中生讲述自己看到的形象时，会议取得了突破性进展。

"我看见的形象，是大的星星。与其说它是一闪一闪的星星，不如说它就像是手机公司的CM广告中出现的人造的形象。"

从她所想到的形象中，我们也找不出与教育理念的关联性。但是她的父亲也参加了会议。她父亲从这段话中感觉到了深层次的东西，开始解释。

"做出来的星星吗？那不就是虚像吗？"

受到这个刺激，成员们也开始说出各自的想法。

"出现了手机，那就是与IT有关？"

"或许是必须辨别网络信息的虚与实？"

经过这种对话，他们发现：现在社会对网络的依赖程度越来越高。而孩子们生活在当今社会中，就必须尽快掌握辨别网络信息的虚与实的技术。这是他们迫切需要掌握的。

当初，因为他们成立协会的契机就是在教育机构中普及思维导图，所以他们想都没有想过要在发起书中涉及IT教育。但是想一想，思维导图的一个很大的优势就是整理信息的能力。关于在培养辨别虚实的技术中，如何运用思维导图这一点，我们马上就能够想到好几个具体方法。

最初有些视角非常重要，但是我们却又无法用语言表达出来。现在通过这种运用形象解决问题的方法，我们能够把这些视角用语言置换出来。具体的词汇不断冒出来，人们都无法想象那就是当初那个抽象的概念。请看下面的例子。

· 从全球规模把握自然、环境、食育各方面，为青少年的成长提供教育基础。

- 培养在一片空白的基础上也能够发挥"创造力"的孩子。
- 在正确的历史认识与均衡的教育观念的基础上,互相构建更美好的网络,构建具有自我净化能力的组织。
- 调查、研究能够快乐地诱发"创意"与"干劲"的学习方法。
- 建设孩子们和老师们都能够最大限度地发挥自己的可能性的教育机构。

经过这个过程,他们对自己的理念充满了自豪。因为这不是几个专家在密室中讨论出来的。它是年龄、立场、经验都各不相同的人,怀着对教育的浓烈热情,整合了多样化的视角得出的理念——这正是未来的教育象征。

创造未来的现场

现在要介绍的创造性解决问题的手法[①],被称为CPS(Creative Problem Solution)。作为一个崭新的应对经营课题的方法,它每用一次都会产生令人惊讶的结果。

注: ①CPS中,除了这里介绍的"高级智囊团"还开发了"借用天才的技巧""形象流体播放""超越墙壁""高等文明工具建造者"等各种技巧。如果要进一步仔细地学习这个方法,请您先阅读威尔德博士的著作《头脑的尽头》。而且对于想要掌握这个方法的人来说,威尔德博士和保罗·席利共同开发的自学教程《天才密码》是最合适的。详情请搜索《天才密码》。

人们通过世界著名的畅销书《头脑的尽头》而知晓了它的作者——教育心理学家威尔德博士。CPS是威尔德博士提出来的。威尔德博士认为在科学、技术、经济等广阔的领域中，只有着手解决那些看上去不可能解决的问题，才能够真正发挥人们的才能。为此，他为了开发一套解决具体问题的方法，在1995年开始了"文艺复兴"项目。最终，他开发了这里介绍的用形象解决问题的方法等各种学习、教育方法。

把这个方法运用到个人身上，有时候带来的冲击能够改变一个人的头衔。真不好意思，我举个自己的例子。曾经是经营管理顾问的我，突然就开始写小说、当音乐制作人、填写歌词，甚至还制作电视节目，结果我"经营咨询顾问"的头衔就变成了"经营咨询顾问、作家"。

常常有人问我："您以前对创造性的工作感兴趣吗？"不论是哪个工作，我是做梦都没有想到会变成现在这个样子的。这一切的起源就是我把CPS运用到商业中时，逐渐能够轻松地得出高质量的创意。如果把它运用到专业以外的、艺术家经手的工作中会怎么样？我试着运用了一下，发现我也能够从事创作活动了。过去我一直认为，这辈子我都不可能会的创造活动。

CPS就像巴赞教育协会的例子那样，也能够在群体中运用。这个解决问题的方法之所以优秀，就是因为从不了解该领域的门外汉，也能够运用它导出非常丰富的提示。没有共同专业知识的人们，也能够在形象这个共同语言的基础上积累对话，所以可以创造出整合了多样性的宝贵创意。

而且CPS能够和全脑思考模式组合在一起运用。"选谁做目标客户""高潮的事件是什么"等等，因思考全脑思考模式中问到的问题陷入僵局时，或是虽然回答了问题却想进一步得出连自己都很惊讶的具有意外性的创意时，用CPS就能够通关。结果，我们就能够用全脑思考模式有逻辑地证明别具一格的创意，并把它组织成行动的脚本。

当今时代，工作的意义变得暧昧。正因为我们处在这个工作的意义变得暧昧的时代，CPS才非常有效。因为通过CPS——公司职员不用坐等公司指派有成就感的工作，就能够从自己的内心找出工作的成就感，这样，公司职员就能够通过工作实现自我，并且，通过这个职员的成长，公司也实现了成长。我认为，知识社会追求的理想的企业形式，正通过全脑思考模式与CPS开始变为现实。

本章首先共享CPS解决问题的原则。同时，让我们来一起思考它的可能性与极限吧。比如，通过这个方法能够解决什么程度的商业问题？

其次想说明一下全脑思考模式中CPS的运用方法。为了进一步完善全脑思考模式，我们该怎样运用CPS。我想通过具体的例子，以形象为契机，向大家介绍得出结果的过程。

用形象代替语言思考的美妙效果

简单地说明CPS的方法，就是用形象来回答问题的方法。如果要说为什么不是用语言而是用形象回答的话，那是因为它可以摆脱主观的思维定式。回顾从问题引导出答案的过程就会明白：通常当我们想到问题的时候，会马上开始思考用语言来回答。但是，这个时候浮现在头脑中的语言，在多数情况下，都是沿用过去思考模式中人们熟悉的东西。

大脑科学家池古裕二先生说"大脑根据先入为主的观念与思维定式处理不断进入头脑的信息"。[②]也就是说，在遇到问题时，在无意中，我们会在现有概念的延长线上有效率地弹出答案。我们自动复制过去的模范答案，即我们以为是正确答案的答案。

而更成为问题的是，人们对必须解答的领域的经验越深厚，熟悉的信息就越多，就越能够无限复制。结果，就出现了僵局：越积累经验越难想出崭新的创意。这样，就要化解这个僵局，绕过大脑的复制机能，用形象代替语言来寻找问题。这种尝试就是CPS。

根据威戈博士的说法，本质的回答不是存在于语言中，而是很朦胧的不能成为词汇的东西，也就是存在于形象中。

在商业上，人们把这种朦胧看作是忌讳。而且人们认为朦胧是不得不尽快解决问题的混乱状态，就硬要把它转化为语言。一旦把它转化为语言，思路就很清晰，混乱状态也就消失了。但是，那时，大脑使用的是过去熟悉的语言。所以，隐藏在一片朦胧中的崭新的想法与视角就被舍弃了。

于是CPS在新视角被舍弃前，把这朦胧之感精心地描述出

注：　②出处：池古裕二著的《大脑会找借口》。

来，而且从这片混乱中找出新的视角，用新的语言表达出来。这里有一个机制能够组装不受现有概念影响的零基础的假说。

可是，说是想出一个形象，实际上问题与形象之间应该几乎找不出任何关联。巴赞教育协会的例子中，即使说"人造的星星"是发起书中重要的概念之一，大家也都不会相信的。

但是，您实际上试着做了之后，却不会从这个工作中感到压力。这当中的心情，与其说是工作的心情，不如说是参加智力竞赛节目的心情。就像揭开谜底一样，在找到答案之前，您会忘记了时间的流逝，让大脑全速运转。而且，越深入这种混乱中，找到正确答案时的喜悦就越大。

用别的词语来说明CPS让大脑全速运转的机制，那就是偶然性。偶然性就是"半规则半偶然的事件"。也可以说是"虽然不能完全预测，但是在某种程度可以猜到"的状态。索尼电脑科学研究所的高级研究员茂木健一郎先生说，对于人类的大脑来说，"偶然性是最好的'营养'"。[③]

悬疑片、古装片等电视剧可以说是偶然性的例子。它们的剧本既有可以预测的地方，又充满了偶然。在结局之前，犯人会被逮捕，坏人会受到惩罚。但是，我们不知道剧情在中间会怎样变化。什么都能够预想得到的故事没有意思。但是，完全无法预测的故事，又无法提起人们的兴趣。在接触到偶然性的时候，大脑就被迷住了，能够发挥不同寻常的注意力。

注： ③出处：茂木健一郎著的《"大脑"整理法》。

说偶然性在过去并没有受到重视也并非完全与事实相符，却也没有这回事。实际上，偶然性也催生了许多精彩的历史性的创意。牛顿看到苹果落地，得到了关于重力的最初想法；爱因斯坦想象乘着光进行宇宙旅行，而得到了相对论的灵感；而德国的化学家凯库勒梦见2条蛇在暖炉上跳舞而发现了苯环的分子结构。对偶然的形象进行逻辑论证时，引发了有价值的灵感的事例数不胜数。

偶然性带来灵感的火花。即使是回顾我们的日常生活，每个人也都有这样的经历。在开车的时候，创意突然从看过的风景中涌现出来，或者是和朋友喝酒的时候，偏离了原来的话题，不经意间发现了自己一直探求的答案，这种事情也是频繁发生的。

因为有逻辑的思考的主要目的是整理信息，故很难发挥偶然性。但是与此相比，CPS把偶然性也吸收到流程里。因为它是大脑最好的营养，所以大脑受到刺激，就忘记了时间，一直探寻问题的答案。

CPS不仅可以使用在构想中，而且对于解决商业上的所有问题都是有效的。当遇到有难度的课题时，即使您想不到答案，但是如果只是提问的话，我们可以想到许多问题。而且，只要能够想到问题，偶然性就能够让大脑集中注意力、满荷运转，迈出解决问题的一步。

我们举例在商业中能够用到的问题。

- 自己看漏了的能够让收益在半年以内翻倍的意想之外的方法是什么呢？

- 和现有事业相辅相成，效益高，成长率高的新支柱事业的概念是什么？

- 令人想搜索、有口碑、忘不掉的命名是什么？
- 事业战略中您忽视的风险是什么？
- 为了解决问题，现在应该提的问题是什么？
- 为了顺利实现计划，要迈出的第一步是什么？

如果您针对这些商业上大有用途的问题进行思考，大脑就会自发地通过形象来给我们提供答案。

如果是在过去，人们会在详细的调查分析之后，才开始思考解决的办法。这是普通的流程。但是，为此将花费大量时间，而且还必须要掌握进行调查分析的技术。CPS把精力花在思考这些大有用途的问题上，而不是花在分析调查上。因此，您认为不能解决的问题、平时想都不想就放弃的问题，就能够取得惊人的成果。

习惯了CPS之后，"是不是因为自己没有能力所以不能导出正确答案"这种不安就会消失。而且，在流程进行到几十分钟时，就找到了解决问题的头绪，所以行动的选择性也变多了。在一片混沌之后，突然得到意想之外的解决方法，这种愉悦的感觉让人战栗。如果体验到这一点，您就难以想象自己以前怎么会对那个能力低下的自己感到满意。

【商业案例】CPS能够运用在哪些事情上呢？

您的事业中也能够用上CPS吗？真的能够产生让您也惊讶的创意吗？关于这个答案，我们准备了练习，所以请您自己去确认、实际感受一下。这是最重要的。

但是在这之前，我希望您能够理解CPS的概要。所以先向您介绍一些活用到事业上的例子。

CPS当初并不是以商业运用为前提开发出来的，它主要被导入科学与教育领域，当时在世界上都找不到CPS与商业运用相关的例子。在这种背景下，我从5年前开始实验把CPS运用到事业中去的方法。接下来的2个案例就是商业运用初期的案例。

【案例1】看清目标客户阶层——出版社编辑会议

我接受了某个出版社的委托，负责主编一份与创业有关的杂志。当时，针对应该怎样组织书的内容，他们已经在编辑会议上花了很长时间讨论。但是，没有得出结论。所以，我决定在编辑会议上当场使用CPS的方法论来得到提示。

问到"本书理想的目标阶层是？"这个问题时，机械战士高达（20世纪70年代出生的人）的形象作为答案出场了。那么，为什么创业会和高达联系在一起呢？我们绞尽脑汁思考后不久，与会者之一发言道："高达不正是目标阶层吗？"

这是一个契机，它使会场的讨论活跃起来。如果我们把目标锁定在高达身上，那么书的结构就清晰起来。书的装订也若无其事地采用了象征高达的图案。结果这本书热卖，累计销售超过17万册。

【案例2】明确竞争优势——人才派遣公司的营销会议

我的客户，某人才派遣公司针对"让公司更上一层楼的意想不到的方法是什么？"这个问题进行了CPS。与会者举出的形象是"超市收银员""蚂蚱""自由职业者"。

这3个形象完全找不出共同点。但是在不断讨论的过程中，某个与会者说："蚂蚱的跳跃力很强，所以它象征能够取得非常优异的成绩的派遣职员。"受到这句话启发，其他的与会者也纷纷发言。

"自由职业者是没有经验的职员的象征。也就是说，即使是原来没有经验的人才，从我们公司派遣出去以后也能够发挥他的能力。"

"这么说，派遣到超市的人才中，或许有做出成绩的派遣职员。"

最后，一个问题的答案浮出水面：虽然这个企业在职员培训上花了大力气，但是，这个事实却没有传递到接受派遣职员的单位里去。解决方法就是业务员采访派遣职员，发掘取得超出人们期待的成绩的人才，试着把这个结果汇报给接受派遣职员的单位。

就像上面举的案例一样，以形象为基础展开对话，我们就能够轻松地得出让大家都心情舒畅的解决方案。从这些事例开始，数年间我慎重地在商业中使用了CPS。我实际体会到CPS不仅可以运用在教育、科学领域，在商业上也能够充分运用。

CPS的方法与普通的解决商业问题的方法完全不同。所以，我当时就设想参与者会有抵触感。但是实际上试验了一下，我发现不用担心这一点。如果认真说清楚主旨，不论是多么有逻辑的人，都会对它感兴趣并参与进来。

实际上，进入解释形象的阶段时，每个人都很着迷地猜谜语。而且从找到解决方法的头绪的那个瞬间开始，讨论就朝着同一个方向，像激流一样奔涌出来。原本朦朦胧胧的东西，也能够看得很清晰，成了让人理解的"AHA！体验"。

当然，如果您认为浮现的形象总是正确的，这种判断就是错误的。它终究还是假设。但是，这个假设经过全脑思考模式的逻辑验证可以变为行动的脚本。这一系列的过程，就已经包括了企业发挥创造性的精髓。

CPS的具体步骤

为了让您在实际工作中能够运用CPS，现在我开始说明具体的方法论。

CPS有许多种方法。首先让我们介绍其中活用范围较广，并能对工作有所帮助，还能作为小游戏让人放松的一种方法：高级智囊团。本章开头介绍过的巴赞教育协会的例子就是用高级智囊团解决问题的一个尝试。

【步骤1】准备6个以上的问题，在每张纸上写1个问题，并且把纸条叠好。纸条的数量要和问题的数量一致。在折纸条的时候，写字的那一面朝内，这样，人们就不知道纸条里都写了什么问题。

【步骤2】把折好的纸条放入信封中，把信封的顺序打乱，好好洗一下再从里头抽出一个信封。在这个阶段，因为写

260

字的一面被折在内面，所以自己不知道抽到了什么问题。

【步骤3】在放松的状态中闭上眼睛，想象3个形象。把它们说出来，并且要详细描述。有听众的时候，请他把描述的形象记录下来。如果没有听众的话，用录音机录下来，然后再自己一边听一边记录形象。用彩色的记号笔等，色彩斑斓地描述形象会更有效果。

【步骤4】寻找3个形象的共同点。着眼于3个形象的共同点、特点、对话的上下文关系、奇妙的印象等。这个步骤对后面解释形象很有用。

【步骤5】试着打开写有问题的纸条。终于能够看到纸上写的问题。这个问题的答案，就是您在步骤3中想到的形象。也就是说，问题的答案不是由语言而是由形象来表达的。

【步骤6】把提示的形象翻译成语言。看着画出的形象，思考为什么问题的答案是用这种形象来表达的。然后，把想到的可以解释问题与答案的词汇直接记下来。不用顾及条理，直觉很重要，所以就随着手的移动来依次记录想出来的每个词。

这时候，您先想好：形象终究是"象征"。比如说"今后，让公司业绩大幅度提升的商品概念是什么？"这个问题，如果您想到的是汽车的形象，也不可能回答"生产汽车"。您要记得汽车始终只是一个象征，从汽车推论出它的"便捷""迅速"，这可以是商品开发的一个提示。然后我们就能够针对问题找到可以理解的答案。

您读了以上步骤，恐怕会觉得头脑混乱吧。

因为步骤要求"在知道问题之前，就要用形象想出问题的答案"。

"既然不知道问题是什么，就不可能想得出答案！"

"这是不可能的！"

出现这种问题也是很正常的。威尔德博士说："虽然感觉自己不知道问题的内容。但是在潜意识层次中，通过纸的折痕或是笔的印痕等，您还是可以充分推测到它是哪个问题。但是在潜意识中，因为不能把它转化为语言，所以能够产生排除思维定式的创意。"确实，实际做了之后，我们才发现，作为回答的形象与后来明白的问题内容之间的联系都很难让人相信它们是偶然的巧合。

但是，我觉得，与其说CPS的效果是潜意识对问题内容的推测，不如说是加入了偶然性的结果。以和问题没有关系的形象为起点进行思考，就能暂时切断思考的复制机能。人们从自己没有想过的视角出发，让大脑全速运转，想出崭新的解决方法。

重要的是得到"为什么，这个形象是对问题的回答！？"这个让人惊讶的感受。惊讶会刺激大脑，提高注意力，使人在短期内想出各种选项。也就是说，形象是让大脑活性化的契机。不论您带来的是什么形象，都能得到某种程度的效果。

实验——体验CPS

我们虽然明白其中的道理，但是，这种意外的方法真的可以导出答案吗？在陷入沉思前，先把握熟能生巧的原则，带着猜谜语的感觉做练习吧，看看这样我们能够想到哪一步。

"高级智囊团"中，最初需要6个以上的问题，所以我事先已经准备好了7个问题。提问的内容稍后会揭晓，所以现在希望大家从1到7的数字中，凭第一感觉选出一个数字。

接下来，是对选中的提问（还不明白内容是什么）进行回答。希望大家形象地来描绘答案。我们刚才也说明过了，本来要想出3个形象。因为想出多个形象，寻求它们的共同点，更能够得出丰富的解释。但是，您首先要习惯这个方法。所以在这里只要大家想出一个形象就可以了。

请从1到7的数字中，凭直觉选一个数字，填入方框中。

要联想出形象其实很简单。

闭上眼睛，做几次深呼吸，然后想象自己是在心情舒适、风景美好的地方。每呼吸一次就觉得身体放轻松了一些。通过这种深层次的放松，大脑里比较容易涌现出形象。

继续平稳地呼吸，想象自己从空中眺望刚才想象的美景。

于是，突然！

从天上掉下来一个包袱。

"真想打开这个包袱。里面都装着什么呢?"

这时不是用大脑考虑,而是用形象来回答直觉想到的东西。回答之后,请您张开眼睛,把这个形象写下来。

请在这里写上从天而降的包袱中有什么东西

现在将明确您选的问题。请翻到书的第286页,请您看自己事先选好的那个数字的问题。而您所画出来的包袱的内容,就象征着这个问题答案的形象。要解释这些,就要把直觉感觉到的东西从形象翻译到语言。

诀窍就是不用大脑思考。您就想成是让手思考，试着逐一写出您想到的词语。当想不出来时，就把笔放在左手吧。在您生硬地涂涂抹抹的时候，或许会发现自己写出了想都没想过的词汇。即使是这样，也不要心怀疑问，请继续写下去。于是在这个过程中，您常常能够"啊"的一声恍然大悟就想出了个主意。

我们对方法论再补充一些说明吧。

首先，您或许会有这个疑问："为什么是包袱？"其实它是包袱或是礼品盒子，还是机器猫的口袋，都无所谓。而且，不论它是从天而降还是突然出现在眼前，都可以。重要的是，别站在过去思考的延长线上开始预想答案，所以只要是能够屏蔽形象的东西，不管它是什么东西、不论采取什么方法都可以。只要它能够排除思维定式就可以。

接下来是解释形象。恐怕刚开始的时候您会觉得"完全找不到答案的线索"，并因此而情绪低落或是感受到压力，即使是这样，作为第一步它还是取得了很大的成功。

即使是再熟悉CPS的人，他们也几乎都是从"完全不明白"这个词开始解释的。想想看，如果是很简单就能够明白的形象，那么它也只是把预想到的答案变成形象，所以没有进行CPS的价值。诀窍就是在"不明白"这个阶段要忍耐、要坚持。

即使不明白也没有关系，所以，当"非得考虑的话……"的情况出现时，您就开始牵强附会地解释了。一个一个地写出不像答案的答案时，有时候提示突然就蹦出来了。以这个提示为契机，再一次细看形象的话，您就会有突然开窍、恍然大悟的瞬间。

运用CPS构建企业战略

在构筑商业战略的假说时，我们能够将CPS运用到什么程度呢？在战略立案这个极其要求逻辑探讨的领域，我们是不是必须详细分析才能够找到假设呢？还是通过CPS，用形象就能够构建某种程度的假设？

为了回答这个问题，我进行了实验。我和4位在战略咨询公司工作的技术水平高超的经营顾问基于某个架空的案例，试着运用CPS构建企业战略。

面对一个具体的课题，我们如何解释得到的形象？我认为通过这个案例，您能够掌握其中的窍门。

【企业战略案例】怎样让企业的股票公开之后依然维持成长？

*本案例纯粹只是为了练习而创作的，与现有的企业毫无关系。

这是一个制造高密封性、高品质活塞的公司。它是1998年成立的技术型风险企业。该公司用独自开发的材料能够制造出环保可回收的极小的零件。所以该公司的成长非常迅速。该公司几乎垄断了该产品的利润市场，所以保障了公司的高收益率。但是这一年，因为竞争对手的不断加入，利润不断下降。

管理层的烦恼是："公司打算将股票公开上市。但是为了让股票公开后，公司继续保持成长，我们现在应该做什么呢？"

恐怕多数读者看了这个案例之后，思考解决方案时，会因为信息太少而不知道从何处着手。

像这种连解决问题的头绪都看不着的问题，却是作为CPS的练习再合适不过的案例了。如果是用逻辑分析方法，连找个切入点都困难。像这种无法运用逻辑思考流程的情况出现时，用CPS，只要能够想出合适的问题，就可以展开创意。

针对这个案例，我们可以在前面阐述的"高级智囊团"的原则上，写出6个问题。现在我解释一下对其中3个问题的回答和解释。

【Q1】为了让利润翻倍，应如何激励职员的士气？

我们要把图7-1的形象翻译成语言。为了让您更好地理解解释的流程，我们把和经营顾问的对话直接写出来。以下C就是经营顾问的发言，K就是我的发言。

C："……原来如此。问题的答案就是这个形象啊。"

K："是的。即使看到这个形象，我们还是不明白怎么回事。所以接下来的环节我们要把这个形象翻译成语言。请看着这个画面，把马上想到的词汇写在画的边上。"

C："这个形象是'潜水艇'，所以写上'潜水艇'就可以了吧？"

K："不是。'潜水艇'只是一个象征，所以请写上'潜水艇'所代表的、与商业有关的词汇。刚开始您或许会觉得有点难，但是请以一个词为契机展开联想。不是用大脑思考。而是用手思考，尽快把形象记录下来就可以了。"

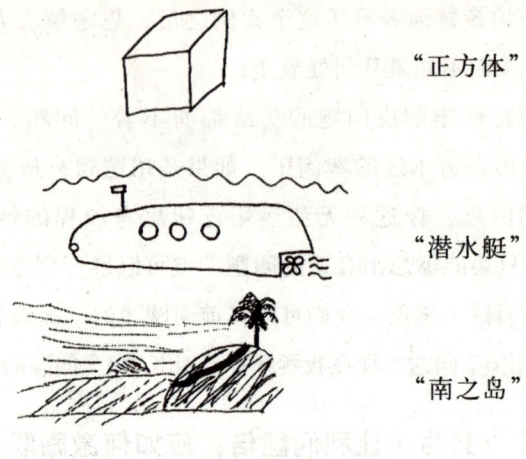

"正方体"

"潜水艇"

"南之岛"

图7-1　答案的形象

C："原来如此。不是只用大脑思考，要优先重视身体的感觉。"

K："就是这样。怎样了？能翻译吗？"

C："嗯，怎样才能和商业联系起来呢？"

K："3个形象有共同点吗？"

C："嗯，刚开始出现的是正方体的形象。然后是潜水艇。这2个形象的共同点就是封闭空间，所以能够让人联想到人事评价是在狭小的世界中决定的……"

K："原来如此。"

C："然后，潜水艇的窗户是圆的，太阳和岛屿也是圆的，这反而可以让外面看到潜水艇内部的情况，具有开放性，所以这意味着我们必须要有透明的多面性的评价吗？"

K："相反地，3个形象中，性质不同的东西是？"

C："不同性质的东西？"

K："对。换句话说，就是您觉得不可思议的东西。为什么会在这个地方看到它呢？"

C："潜水艇的探测器吧。"

K："为什么能够看到探测器呢？"

C："……尖锐的东西……尖的，就像成为市场的探测器的技术。也就是说，现在的尖端科技虽然不能成为产业，但是如果有优秀的技术开发者，我们也必须积极地评价他们。"

就像上面说的那样，在把形象翻译成语言的时候，要注意共同点与不同点。同时，也要注意3个形象出现的顺序。而且凭直觉把它们表示的意义用词语写出来。这时候，如果认为"逻辑很奇怪"，思考就会停顿。所以，重要的不是动脑，而是动手，信手把字写下来。

像这样，对话讨论之后，"正方体""潜水艇""南之岛"的形象所提示的答案，就被翻译成了"封闭的人事评价""多面的评价""最尖端技术的再评价"这些商业用语。如果归纳一下这位经营顾问从这次形象演练中得到的解决方法，就是以下3点。

形象解释1

· 职员的评价是在密闭空间决定的。

· 探讨多面性评价，提高评价的透明度。

· 对于开发最尖端技术的职员，即使他们的技术在现阶段还不能产生利润，也要给予正确的评价。

案例中给出的信息，只是简单的公司介绍，除此之外几乎没有信息。尽管如此，在十几分钟的讨论中，我们就找到了一定程度的具体的解决方案的线索。

关于其他的经营顾问抽到的问题，我们用同样的流程翻译了他们想到的形象。

【Q2】今后应该开发什么产品才好？

形象的解释2（图7-2）

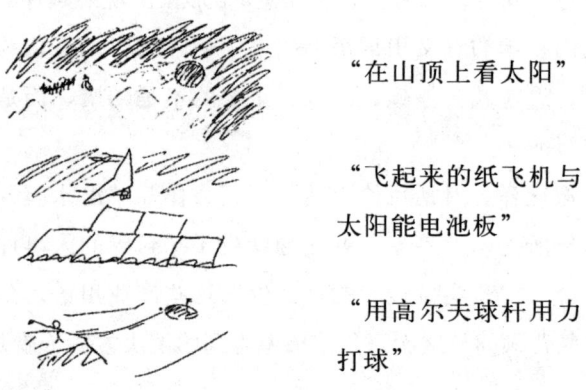

"在山顶上看太阳"

"飞起来的纸飞机与
太阳能电池板"

"用高尔夫球杆用力
打球"

图7-2　回答的形象①

· 重要的不是追赶新技术，而是从更高的角度来看市场，以便有效运用现有的技术和生产设备。

· 不仅是现有的利润商品，公司应该通过生产普通消费者容易理解的商品，提高品牌力。

· 环境友好型商品，质量非常轻的商品、防摔能力强的商品等等。

【Q3】如何决定商品概念、销售区域、销售渠道？

形象的解释3（图7-3）

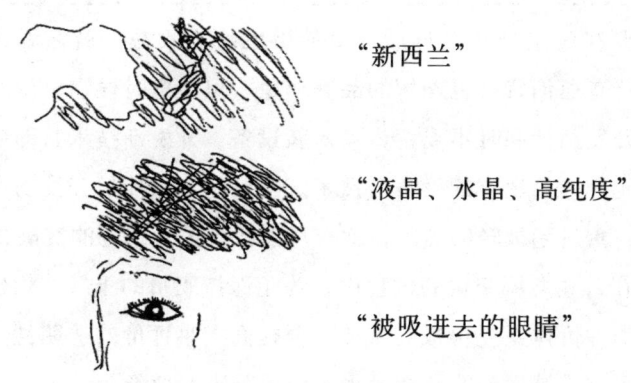

"新西兰"

"液晶、水晶、高纯度"

"被吸进去的眼睛"

图7-3　回答的形象②

· 通过提高商品的密封性，就可以一下子把业务推广到过去没有考虑过的市场。

· 在公司内部询问，是否有产品的咨询是来自农业与畜牧业发达的国家，或者是容易被忘却的市场。

- 发散思维考虑一下公司现在是否有化妆品、美容器具、隐形眼镜等消费品需要的技术。

在以上3个演练上花的时间不到1小时。最初浮现的形象中完全没有可以联想到商业的要素。但是他们不愧是具有丰富经验的经营顾问，马上就领悟了诀窍。虽然他们用与过去的战略方案完全不同的流程来推动思考，但是通过解释形象，也导出了技术型风险企业持续成长的企业战略的全景图。

〈由CPS导出的假设〉

要在股票公开发行后，也能够维持高收益，就需要树立一个让普通消费者也理解的品牌形象。但是这时候需要注意的是，开发新产品时不要盲目投入新设备、开发新技术，而应该考虑充分运用现有的设备与技术。特别是如果能够开发防摔能力强、重量超级轻的商品，就有可能找到扩大市场的突破口。

在公司急剧变化的过程中，为了保持职员的士气，构建多方面的评价体系变得极其重要：要提高人事评价的透明性，而且对于容易被埋没的新技术也要给予公正的评价。

就像以上所说的，通过充分运用CPS的思考流程，在短时间内能够轻易地引导出讨论的方向性。经验丰富的经营顾问常常突然就提出这些假设。而其中的过程就像思维黑箱一样。但是，通过运用CPS，谁都可以进入思维黑箱中，参与到拨开云雾的过程中去。

天衣无缝的战略策划项目

	有逻辑的分析思考 （逻辑思考）	CPS （形象思考）
本质作用	• 收敛思维 从各种创意中找出现实的问题或是解决方案时有效	• 发散思维 不论是否现实，在找出各种创意时非常有效
好处	• 通过运用 MECE、金字塔结构等工具，在整理事物的结构，以及因果关系上能够发挥作用 • 在商业领域，这个手法已经确定了，所以能够产生稳定的成果 • 能够向背景不相同的人传递可信度高、说服力强的信息。所以经营顾问等人在履行说明责任时必须用到它	• 从零思考的时候，创意以形象为基础扩展开来 • 因为能够把头脑中朦胧的问题的种子变成形象说出来，所以它可以比较容易地找出业务以及讨论陷入僵局时的突破口 • 自己下意识地感觉到的一些东西，提供了将从根本上解决问题的朦朦胧胧的方案化为语言的契机 • 很容易想起形象所表达的词汇，用生动的语言传递给客户
坏处	• 为了进行分析，需要足够的信息，而要收集信息又必须花费大量的劳动力和时间 • 必须从零开始找出一些东西时，或许会因为找不出答案或是要绞尽脑汁而给自己带来很大的精神压力 • 只有逻辑思考的话，会产生风险，限制崭新的创意	• 如果对背景了解太多，就容易把形象和现有的信息联系在一起，很容易生搬硬套 • 很难说仅凭着这一次的操作就能够立刻在事业中发挥效果。为了使操作达到稳定的效果，需要进行手法的培训 • 仅凭着形象思考很难判断是否得出了正确的答案 • 因为是个人想象的形象，所以无法做出令他人信服的说明

※通过CPS展开创意，通过逻辑思考导出结论

表7-4　CPS与逻辑思考

当然，我们不能忘记，CPS的结果始终只是假设。我们必须验证这个假设是否适合作为解决问题的方向。也就是说，创意因CPS而发散，因逻辑思考，发散的创意会向结论收敛。这样，通过组合逻辑思考和CPS的长处与短处，假设和验证的过程就变得非常有效率。

　　我们通过看表7-4就能够明白逻辑思考和CPS（形象思考）各有各的长处与短处。而这综合了逻辑思考与CPS的问题解决方法，比起以往的只有逻辑思考的方法，究竟会产生哪些差异呢？我们试着将这一点总结成表7-5。

　　我们从表7-5中能够明白，只凭借以往的逻辑思考，在创作新东西时存在缺陷。但是，通过吸收CPS的优点，从步骤1的基础假说的阶段开始，就能够排除思维定式。它像一盏明灯，从与过去不同的角度，照亮问题。

　　但是，步骤2、步骤3必须要有逻辑思考。这个步骤是用逻辑思考彻底验证CPS催生的创意。

综合逻辑思考与形象思考，更顺利地解决问题

	基于逻辑思考的解决问题的方法	在 CPS 的基础上解决问题的方法
步骤 1 构思假说	在掌握事业概要的基础上，想象可能出现问题的情况，建立假说	在初期为了提出假设而集思广益，通过形象思考，从中找出创意
步骤 2 调查设计	为了验证假说，通过 MECE 的视角，能够毫无遗漏地收集必要的信息	用逻辑确定提出的创意是否有缺漏
步骤 3 收集信息	收集统计结果等定量数据，以及听证会结果等定性数据	贯彻逻辑思考，分析信息
步骤 4 整理分析信息	"根本问题在哪儿？"在苦思冥想之后突然脑海中有什么东西闪过"是这个。"	为了在解决问题时不受既有概念的影响，以形象为线索，引导创意
步骤 5 验证假说	通过分析来证明、汇总"是这个"这个问题是否确实是本质问题。根据需要，重复步骤 2 和步骤 3 的操作	当从形象中得到的想法显示的是本质问题时，用逻辑数据证明它，再把它变成一个每个人听了之后都会认同的故事。并且为了让大家能够凭直觉掌握故事的精髓，还要想出一个能够提示形象的象征性的标题或是命名

※基于经营顾问们对实验的反馈的基础上制作的表格

表7-5 天衣无缝的思考方法

从步骤4到最后的步骤5中，充分运用CPS是很有效的。我们必须找出从根本上解决问题的方法，但是只依靠逻辑思考，就很难排除现有概念。这时引入CPS的话，就能够零基础思考问题。CPS给了我们一个找出与众不同、谁都没有想过的解决方法的契机。

怎样在全脑思考模式中充分运用CPS？

我们从结论开始说吧。在全脑思考模式中，我们可以在以下4个关键点运用CPS。

1．寻找真正能够让人激动不已的事业与商品。

2．寻找真正能够让人激动不已的顾客。

3．理解顾客的未来与现在的感情和意想不到的状况。

4．在提出"高潮（原来如此）""啊""哦"的创意陷入僵局时，得到突破口。

即使全脑思考模式陷入僵局时，通过用CPS覆盖这4个关键点，我们也能够找出突破点。接下来，我们针对各个关键点进行说明。

寻找真正能够让人激动不已的事业与商品

在用全脑思考模式考虑策划与提案时，它的前提就是需要销售的商品已经事先决定好了。比如说，思考毛毛球事业的项目计划时，对把毛毛球当作商品这件事，并没有几个人有疑问。也就是说，人们想问的不是"卖什么"而是"怎么卖眼前的东西"。

这个问题，不仅存在于全脑思考模式，它同样是纠缠着许多商业方法论的问题。因为，"向谁""卖什么"都没有决定好的状态，就好像在半空中走来走去，既没有扶手也没有立足点，是一个非常不稳定的状态。为了展开思考，至少要决定其中的一样。于是，最容易投入的具体性的东西就是：从商品开始联想。

但是，在失败的商业案例中，我们经常看到的情况是把原本应该加入的事业、该经营的商品弄错了。比如说，不论公司具有怎样的经营天才，现在这个时代，因为已经有寡头企业的存在，要在网络上办一家网上书城或是购物中心，企业必定会尝到困难的滋味。

如果是极其容易明白的例子，谁都不会做这种欠斟酌的事情。但是，现实中，充满了许多难以理解的事业和商品。乍一看非常有魅力的商品，经过详细调查之后，就会发现因为市场过小、即使销售了也不能获得足够的毛利等理由，事业很难站稳脚跟。在这种案例中不论怎么使用全脑思考模式，都不可能得到期待的结果。

我把参与这种事业说成是搭乘"下行的滚梯"。因为它就像是拼命让下降的滚梯往上跑一样。刚开始或许因为运气好，产生了利润，但是考虑到因为竞争对手的加入而造成价格下滑、无法预期的麻烦、因为产生利润而要上交的税款等因素，每年都必须以超过上一年的速度努力往上跑。而且当往上跑的速度变慢之后，事业就会在瞬间跌落谷底。

另一方面，如果加入合适的事业、商品、服务，在业界壮大的同时，自己公司的市场也会扩大。我把这称为搭乘"上行的滚梯"。它们的事业模式就像亚马逊等公司一样，随着网络的壮大，公司的地位也变得像磐石一样不可动摇。

实际上，即使是下行滚梯的商品也可以通过一些方法变成上升的滚梯。④比如说，今后在网络上销售食材，这在多数情况下就是搭乘下行滚梯。但是如果先成立一个协会，负责食材的协调者的资格与认证制度，之后再销售自己公司的食材这种模式的话，就能够把"下行"改为"上行"。即使是销售电脑软件，也有可能搭乘"下行滚梯"，因为现在的大环境也让销售软件包很难产生利润。但是，今后值得期待的SaaS⑤方式的销售，因为能够在合适的时机加入市场，所以能够搭乘"上行滚梯"。

使用全脑思考模式在某种程度上也可以变更商品概念。比如，关于毛毛球事业，产生了一个创意：不是把毛毛球当作单独的商品来出售，而是像"美式新兵训练营瘦身法"那样，作为娱乐教材。

我们怎么判断、辨别"只用全脑思考模式就能够产生创意的情况"和"与CPS组合起来更顺利的情况"呢？

注： ④为了将"下行的滚梯"变成"上行的滚梯"，需要使用矩阵进行逻辑的探讨并判断。因为篇幅的关系，不能对这个部分进行解释说明。详细情况请参照拙作《60分钟让您的企业遥遥领先》。

⑤Software as a Service 的简称。它不是把软件作为程序供应，而是当作网络的"服务"供应。它是以收取月使用费的形式获得收入的事业模式。

如果您是凭直觉就激动不已，想要参与到这个事业中去的话，即使从全脑思考模式着手，也能够在某种程度上顺利找出改善概念的创意。

但是，在"原本就不知道卖什么好""不知道从哪个事业开始考虑才好""这个事业／商品可以吗？现在一点自信都没有"这种情况下，首先使用CPS会更有效果。因为您对于事业／商品并不会激动不已，只是感觉到一个朦胧的印象。所以针对这朦胧的印象，即使再怎么思考，也容易迷路。于是，您先使用CPS把这个朦胧的印象清晰化之后，再充分运用全脑思考模式，就能够顺利地明确假说。

您对自己参与的事业／商品是否激动不已？如果您没有自信，就试着运用CPS吧。

"您有自信并且能够发挥自己才能的事业，现在最应该参与的事业或商品概念是什么？"

即使您不能解释自己想到的形象，也还是把它放在大脑的角落里吧。于是，随着时间的流逝，通过形象引发的偶然性，您将开始用新的视角来看待目前的事业／商品，并能够把它们重生为新的概念。

寻找真正能够让人激动不已的顾客

把谁指定为"120%HAPPY"的顾客在全脑思考模式中是非常重要的步骤。这时候的选择标准——不是作为提升利润的目标的顾客，而是只要一想到这个顾客，就能够让人激动不已。就像我们已经说明过的那样，针对能够让自己产生热情的对象进行思考，在引发优秀的创意上是非常有效的。

但是，有时候也完全想象不到客户的形象。即使想出来这个顾客形象，也无法让他在变得HAPPY这件事上投入热情。这种情况也是可能的。这时候，通过使用CPS，想都没想过的顾客变得形象化，以此为契机，可以打开突破口。现在举个例子给大家看一下。

这是我让某位大型通讯公司的女性管理者试用全脑思考模式时发生的事情。她为了寻找新项目，试着使用全脑思考模式。但是她完全想象不出来让顾客变得120%HAPPY的脸庞。她的脸上写着"我或许没有想象力"，想要放弃演练。

于是我让她采用CPS。准备了一扇架空的门，让她想象开门之后，谁站在门外。于是，她当场就想到了一个形象。

"在一个小的离岛上，有一位老奶奶。她手里拿着香蕉……"

拿着香蕉的老奶奶？恐怕很难成为顾客对象。但是，思维发散开来以后，她想起来，这位老奶奶是以前经常给自己香蕉吃的自己的亲奶奶。于是，她发现，那是未来的自己。"未来的客户是自己……"

这样考虑下去之后，她开始认为只有制作"让将来的自己喜悦的IT系统"才是很精彩的事业。也就是完善IT基础设备，让在远方的人们或是老年人等对象不吃亏——这对她来说可以说是终身事业，这样一个大的项目就突然浮出了水面。

如果能够找到让自己充满热情的顾客对象，让自己充满热

280

情的工作自然就会出现。然后，如果发现自己能够认同工作的愿景，不论表现它的方法论是全脑思考模式还是竞争战略的立案框架，还是蓝海战略，都没关系，重要的不是这个方法论是否被世人接受，而是自己是否接受这个愿景。

当无法对未来的顾客激动不已的时候，就试着用CPS吧。您一定能够感觉到，在这几分钟的时间里，自己就切换到通过工作实现自我的模式了。

理解顾客的未来与现在的感情及意想不到的状况

虽然想出了在未来变得HAPPY的顾客……

这个人是怎样开心，又是向谁怎么用语言表达？这些自己却无法想象。而且对于客户目前不满意的状态，现在也无法用VAKFM描述。这种情况也会发生的吧。

这时候，使用CPS中的另一个方法"借用天才的技巧"，是很有效果的。通过试着运用这个技巧，您能够真正体验顾客视角。做法很简单，就是想象自己附到您想取悦的那个客户的身上。

首先闭上眼睛，调整呼吸，放松。然后想象顾客的名字和脸庞。如果名字和脸想象不出来，您就想象一个自己觉得合适的顾客形象。

然后，接下来是有趣的地方。

在想象中，您的身体漂浮到空中，飘向顾客的背部。然后，就像给那具身体套上连身裤装的感觉那样钻入对方的身体。先是穿上腿，再塞进胳膊，最后戴上顾客的脑袋。

您试着用顾客的眼睛来看、用顾客的耳朵来听、用顾客的身体来感受观察周围的状况。"那儿有什么？有谁在？他们说了什么？"并且探索顾客未来的以及现在的内心世界：怎样感受到喜悦？怎样经历烦恼？

像这样，把身体能够感受到的形象全都迅速地、细致地描写下来。

从普通的商业方法论来看，这种形象演练太怪异了。所以，在对此感兴趣前，您或许会先产生怀疑。我在尝试这个方法论时也需要勇气，所以能够明白您的心情。但是，请您一定要试一次，就抱着玩游戏的心态试一试。

那是因为，那些用逻辑思考也无法发现的东西，只是通过借用顾客的身体这个空想，就在极短的时间内掌握了。虽然这只是一个小的发现，但是却给商业带来了极大的帮助。连顾客自己都无法用语言表达的感情（需要、欲望）碎片，您却能够用语言表达出来。这时候，这个事业对于顾客来说，就有了与其他公司完全不同的意义。成为能与顾客产生共鸣的公司，顾客会认为"这家公司完全明白我的心意"。

我和大家说一下自己的体验。

这是我和几位作家朋友在一起考虑下一本书的结构时的故事。我想要脱离随处泛滥的思考，所以试着用了"借用天才的技巧"。首先要描写未来的读者120%HAPPY的状态。为了跳出思维定式，我想象了一个很大的门。我想通过突然打开门来发现一个意外的人物。

我抓住了把手，果断地打开门，外面站着的是……不知道为什么，是假面骑士。

"这是，读者？"

我虽然很诧异，却还是想要探寻它的意义。我站到假面骑士的背后，拉开连裤套装的拉链，进入他的身体。

于是……世界完全不同了。周围都染上了一片红色。

理由呢，想象了一下，发现是很正常的。假面骑士的眼睛原本就是红色的。

但是，我发现了比那更可笑的事情。

透过红色的滤镜来看，我刚才交谈得很愉快的朋友，现在却怎么看都很可恶。大家看上去都是敌人。

"这样啊，正义的使者必须要有敌人。所以，他把大家都当作敌人。"

原本我认为假面骑士每一刻都过得心平气和，结果却完全不是这么回事。他必须时刻寻找敌人，而且必须保持每一刻都有旺盛的斗志。

这就是一个发现。

我为了想象读者现在所处的状况，又打开了另外一扇门。于是，外面站着怪人。

"这次是个怪人啊……"

我的身体僵住了。虽然说只是想象，但是，要进入怪人的身体，会不会受到冷酷、残忍的性格的影响呢？因为我感到恐惧，所以身体僵住了。但是当我下定决心钻入怪人的身体时，这次的体验与我的想象完全不同。

眼前是灰色的世界。我从他的内心感受到的是想让人发出悲鸣的孤独以及不被别人理解的悲伤。做"坏事"不是为了伤害别人，而是为了与孤独对抗、为了掩饰悲伤。

虽然这个体验只是极其短暂的时间，却让我深入思考了许多。

我的理解是"善恶是相对的"。但是"借用天才的技巧"得到的是身体的理解、从内心看到的世界的颜色、心中的寒冷、必须让自己的存在正当化的焦虑。这种以身体感觉为基础的理解，具有过去无法比拟的现实感。

我认为假面骑士或许是今后的商业隐喻。为了进行正义的商业，我们或许在不知不觉中，开始把周围的存在都当作敌人。正因为商业有影响力，我们认为为善而做的事情很容易变成恶。当不以社会贡献为目的的事业就无法在这个世界上成长时，我们又该如何区别那些嘴里标榜能为社会贡献的自私的企业和真正能够为社会贡献的企业？当善恶变得暧昧这样一个危险的时代到来时，商人又该以什么为基准生存下去呢？为了找出这个问题的答案，我决定动笔写题名为《金钱与正义》的小说。

如上所述，"借用天才的技巧"是一个非常优秀的方法，它能够让身体更加深入感觉大脑的思考状态。深入理解顾客，对于商业来说是极其重要的，对于这一点，大家看法已经一致了。但是，却没有人能够教我们怎样才能够理解客户。如果只是反复唱高调说"从顾客的角度思考"，在说完的3秒之后，我们又会再次回到以自我为中心的视角上去。

我的意见是"从顾客的角度思考"这种说法本身就是错误的：重要的不是用头脑思考，而是用身体感觉。

在思考创意陷入僵局时，获得突破口

到这一步，您能够充分掌握全脑思考模式里运用CPS的4个关键点了吧。全脑思考模式是为了编写让顾客变得120%HAPPY的行动脚本，它提供配套工具帮助人们思考。

特别是高潮部分，它是最希望得到有创造性的解决问题的方法的部分，这时充分运用CPS变得很有效。"什么事件会让顾客变得120%HAPPY？"问自己这一类问题。想象自己在放松的环境中从空中看到包袱或是礼品盒从天而降。打开它以后，里面会装着什么呢？从那儿开始想象，让形象丰满起来就可以了。同样的操作不局限在高潮（原来如此），能够在"啊""哦"等所有的时机中运用。这样那些有创意的想法就会像从天而降的礼物一样到来。

如果是过去，遇到僵局时的典型处理方法或许就是皱起眉头，小声念叨吧。CPS把这种痛苦变成了脱离时代的知性操作。如果想要寻找突破口，随时都可以闭上眼睛，放松，想出合适的问题引导出想要的解决方法。而且，你可以描绘浮现在脑海中的形象，凭直觉对其进行解释。这种简单的操作能够把复杂的解决问题的方法变成让大脑喜悦的AHA体验。

想象力比知识更重要——引用爱因斯坦这句名言的人非常多。但是，直到现在，也没有人教给我们想象的方法。不论是在学校还是在公司，如果沉迷于空想，只会被训斥，却不会被表扬。这是因为我们还没有形成一个体系，将想象运用到实际工作中去。

通过CPS，我们能够从空想中导出价值。一个谁都能够和爱因斯坦一样充分运用知识创造法的时代、一个梦想的时代即将到来。

（以下是第263页的提问）

1．您从本书中学到的最重要的知识是什么？

2．读完本书之后，您要采取的第一步措施是什么？

3．为了更好地理解本书的内容，现在您应该问哪些问题？

4．您漏看了的宝贵创意是什么呢？

5．我的梦想最能够充分运用本书的知识。那么，我的梦想是什么？

6．关于本书的内容，能和您做最高层次的知性交流的对象是谁？

7．您现在的工作中，哪一项可以使用全脑思考模式？

第8章

实现社会变革的市场营销

　　假设你沿着全脑思考模式来考虑提高公司业绩的方法，但是不知道让谁Happy最好。公司里有太多的事业部，相互之间的利害关系经常发生冲突。因为你在中间部门，所以即使让你描绘出未来的顾客，你也想象不出来。

　　这种状况下，只要从考虑让自己Happy就可以了。首先考虑取悦自己，如果在同等情况下能够取悦顾客，通过询问情况就可以扩大自己的想法了。只要开始看到取悦自己的轨道，就更容易看到取悦周围同事、有关人员以及顾客的轨道了。

奥巴马总统的"描述出这一瞬间"

在起草总统就职演讲稿时,奥巴马总统对演讲撰稿人乔恩·费弗洛提出了唯一的一个要求,那就是"Describe the moment"(描述出这一瞬间)。这个男人使用语言的力量改变了世界。在迈出历史性一步的重要场合,他最关注的不是自己的信条、觉悟、国家理想和课题,而是用语言表达出这一瞬间。

其实,"Describe the moment"所追求的东西与完成全脑思考模式的最后要素是一致的。如果有人问我"市场营销中什么最重要?"我一定会用后面提到的"邂逅的深层背景"来解释同样的宗旨。"Describe the moment"是一种不仅可以感动就职演讲现场聚集的200万人的方法,更是一种衍生新市场和新运动的最本质、最有效的方法。

但是,虽然它是如此高效的方法,我至今却未能大声地宣传它的本质论。究其原因是,即使进行宣传,在大多数情况下也很难期待人们能够正确理解它。因为它太过抽象,会被认为是精神论。例如,如果我一开始介绍说"发起运动的突破口就是对瞬间的表现"的时候,多数听众就会立刻抱怨"别说外星话",并认为这对于商业来说不是实用的方法。

进而,说不定会出现一些不道德的鼠辈们单纯地把它作为能够实际掀起运动的有效方法,当作一种技巧去控制民众。为了将这种危险性最小化,我必须十分谨慎地进行说明介绍。

在写这本书的同时,我一直在烦恼一个问题:应该把"表现瞬间"这个概念深入到什么程度。不过，我决定在这最后一章详细介绍这个概念。因为，从必须寻找到知识时代中商业的准确地平线这一紧迫性出发，现在恐怕是用语言表述下一代市场营销本质的最佳时机。

如果大家理解了我下面所说的内容并将它应用到各种各样的事业中，可能会有很多人在必要的时机下自然地聚拢过来了。其结果是，拥有宣传、推广商品能力的人就会加速时代的变化。尤其是，能够坚持把这本厚厚的书读到最后的读者也许会充分理解我的意图，成为掌握新时代领导权的领导者。而此概念必定成为这些领导者不可或缺的智慧。

因此，作为本书的结论，我将解释一下全脑思考模式最后的重要部分——"邂逅的深层背景"。最终，已完成的全脑思考模式不仅能分别生成行动和结果，甚至还能成为立足于产生波及效果和引发运动的模式。也就是说，它是经过数据基础上的客观性分析（U型理论的第2层次）和基于与顾客的共鸣的品牌设立（第3层次），进化成实现社会变革（第4层次）的概念成型的工具。

表面上看这些概念与迄今商业中的普通概念相悖而行，您第一次读到它们的时候可能会摸不着头脑。所以，为了尽量让大家更清楚地接近本质，在此介绍一下我的思路。

首先，简单介绍"邂逅的深层背景"之后，我们通过实例来展示它应用到市场营销会产生怎样的结果。希望大家能够感受到：对于事业认识的极其微小的变化也能够带来巨大的影响力。

其次，出于深入理解概念的需要，我将会更加详细地深入挖掘第5章中提到的故事结构。深入理解故事的结构，以此认识为基础重新眺望现实时，我们就会明白，工作不单纯是为了生活而积蓄收入，更是直接促进人类发展的最佳活动。

最后，为了看清"邂逅的深层背景"，最有效和最重要的方法是介绍对极思考。之后，我想和大家分享一下关于统合两个极端将对社会产生何种意义的个人看法。

拥有力量的不是语言，而是语言背后的背景

"描述出那一瞬间"——当你从美国总统那里收到这一指示时，将会从哪个视角来组织语言呢？

我们设想那一瞬间在华盛顿聚集了200万人。他们所期待的是：目睹美国首位黑人总统诞生的这一历史事件。也许他们为了将来能够告诉自己的孩子和孙辈们，爷爷奶奶当时就在这一历史性时刻发生的现场，而驻足在凛冽的寒冬中。

在这200万人面前，到底应该讲些什么好呢？

如果把群众表面上希望的语言原封不动地还给群众的话，那就可以和以往的演讲一样连呼"Yes, We Can"，组织出鼓舞变革意志的演讲就可以了。如果群众要求更加实质性的政策上的见解，他也可以讲述今后将展开的各种具体措施。但是，这两个都不是总统所关心的。

总统最执着的莫过于用语言表达这一瞬间。

如果从市场营销的经验来推测"Describe the moment"的

意图，总统需要的不是简单的一次性消费的语言。他想要的是，通过语言获得对于伴随着痛感的政策的支持，同时，这语言也能够使聚集在那里的民众最大限度采取自主行动。演讲结束后，话语必须要留在人们心底，不断给行动供给能量，进而，通过在场的民众向周围的民众传播能量，持续进行大型运动。

为了达成这些目标，需要将200万人心中还没有语言转码的形象转换为语言。

"不知道怎样表达才好……""表达不好……"

一旦使用明确的语言为这些担忧与焦躁找到了一个出口，之前乌云密布的天空会突然变得晴空万里，从而迈出新的一步。语言这束光线划开了挤压在自己内心能量的一道豁口，将能量转移到行动的冲动上来。

这听上去有些哲学味，但是其实并不难。谁都在日常生活中经历过这些事情。

例如，想象几个朋友一块去吃饭。

朋友问"想吃什么"。你的确有想吃的东西，但是不知道用语言怎么表达，想"总之希望能吃得好一些……能够满足……不想吃中国菜……也不想吃牛排……"正在心里琢磨时，朋友提议"烤肉怎么样"？听到这句话，顿时眼前一亮"太好了！我正想吃这个呢"！然后就毫不犹豫采取行动直奔烤肉店了。这样一来，当心中用某些语言无法表达出来的想法被语言表现出来时，人就从思考切换到了行动。

那么，究竟如何才能从200万人中找到他们所希冀的语言呢？

为了能抓住这些尚未被意识化的语言，我们不要以人为中心进行思考，而要从周边环境，换言之就是背景角度考虑，这样更容易捕捉到语言，将视角从人身上转移到背景中。

这是最为关键的。

我认为，人们聚集的场地本身具有该场所的主题，对这一主题产生共鸣的人们自然而然地聚集到一起。200万人聚集的空间才真正具有意义。看起来这200万人是通过自己的意志聚集到一起的，其实拥有意志的是那个瞬间出现的空间，也就是瞬间的这一平台，200万人只是被吸引着蜂拥到了这一平台上。

我们想象一下磁铁的话可能更容易理解。铁砂不是通过自己的意志聚到一块的。因为中心形成磁场，所以它们自然而然吸附到了一起。如果我们试图把一粒粒的铁砂聚集到一起也许不是不可能的，但是，这需要花费大量时间和劳力。然而，那里一旦形成磁场，我们即使不做任何动作，铁砂也会自然地被吸引过来。如果只注意到铁砂，我们永远都不会意识到存在着一个巨大的磁场。

如此一来，与其聚焦于人的意志，不如潜入到深层，站在中心，然后去推测形成平台的背景中存在什么，这样才更容易靠近其本质。并且随着不断接近本质，我们也会逐渐看到一些语言。如果我们的注意力都放在铁砂上的话是绝对看不到这些语言的。
"表现瞬间！"是一个指示，即：把握200万人聚集的那一瞬间产生的空间中唯一的意义。

运动诞生于窃窃私语

这种人与人邂逅的空间的意义——我称之为邂逅的深层背景。人与人之间的邂逅与其说是本人的意志，不如说是自然地被吸引到具有与每个人实现成长相适应的背景的空间中来。换而言之，是最适合彼此成长的人们在最合适的地点邂逅了。

为了实现成长而无意识地邂逅这种想法也许听起来像是精神论的主张。在心理辅导的世界里认为，人不是有意识地选择邂逅的，普遍的认识是人类为了治愈过去心灵的创伤，无意识地选择了某种邂逅。如果不把此认识看作前提，心理医生甚至无法进行治疗。可是，我也十分清楚，把这种理论直接套用到商业，即销售者和顾客的邂逅是一种极具跳跃性的思维。从实证主义角度考虑，需要在对各种数据进行分析的基础上下结论。以该制约为前提的同时，如果能够顺利挖掘市场营销概念的共同模式，这种邂逅的深层背景就会作为最重要的要素浮现出来。

如果将邂逅的深层背景自然地应用到市场营销中，不但能够改善顾客的反应，而且还能产生波及效果。也就是说，因为必要的顾客在必要的时机下顺利无障碍地聚拢过来，所以设定于未来的计划在现实中开始展开。在展开的过程中，受益的不仅仅是某个或某些特定的人群，在场的所有人都可能享受到聚集的意义所在。

我再三强调"顺利展开"是因为，从短期来看，通过有意图的技巧组合，企业能够强制性招徕顾客。其中，大多数虽然获得了事业的快速发展，但是这种强制性的发展最后会产生很多弊端。要是在"活力门事件（livedoor Shock）"之前的话，虽然感觉到了飞速发展所带来的痛感，但这对于商人来说也是学习现实的宝贵经验。但是，在将来飞速前进的时代中，我们没有必要特意去体会这份倾轧，努力适应能够顺利展开的时机才能尽早地步入发展的轨道。

基于邂逅的深层背景考虑的市场营销，看似从根本上彻底推翻了迄今为止的市场营销范例——分析顾客需求，只要提供满足顾客需求的商品顾客就会购买。但是实际应用时，我们就会发现，两者其实并不矛盾，相反能够达到完美的融合。两者之间仅仅存在着细微的区别，这种区别从表面上是基本察觉不到的。通过观看下面列举的事例，大家就会体会到它们之间的细微区别。

【案例】掀起改革的一封信

"邀请到目前没有任何联系的80位以上的VIP级别宾客参加宴会。期限为三周。"

两年前的某一天。如此高难度的工作落到了我的头上。

据说为了配合普及思维导图的世界组织巴赞中心的成立，托尼·巴赞先生将来到日本。庆祝中心成立的宴会地点碰巧使用的是英国大使馆内的场地，所以这个安排就由我来负责。必须要在宴会中邀请到之前没有任何联系的80名以上VIP级别的宾客。并且，包括我在内只有两人负责该工作。

我想象着需要邀请上市公司经营者级别的人来参加活动，但是如果邀请到80位企业领导参加，按常规来讲需要从数月前开始预约，打通人脉，介绍说明活动内容。但是，当时必要的时间和人手都不够。这可以说是一项高难度的任务。

"难道没有创造奇迹的好方案吗？"

经过几个小时的思考，我做出的文案就是下页的一封信件。

从结论来看，把这封信通过传真发送给3000家上市公司后，当天83家上市公司的管理人员参加了活动。其中包括几位拥有数万职员的企业经营者以及大名鼎鼎的著名管理者。

如果你认为这是因为发送给了多达3000家企业，所以邀请到83家企业是非常可能的，这个结论下的未免有些仓促。仔细想想就会明白，在之前没有任何联系的情况下，只能使用公开在《会社四季报》等杂志上的传真号码发送信件。也就是说，信件到达的都是人事部或总务部。而且，最先拿到信件的是一些新职员，他们被要求把大部分接收到的信件直接扔进垃圾箱。拿着来路不明的信件去打扰上司是需要考虑充分的理由的。

在这种情况下，为了能够使信件到达董事长手里，首先需要让收到信件的人感兴趣，阅读完信件做出判断认为这份信件很重要不能扔进垃圾箱，然后把信件递交给上司。进而上司认为信件的内容对于公司领导来说很重要，把它送交到董事长办公室。通过这样几道关卡，最终信件到达了董事长手里。

这封信件是在使用全脑思考模式形成的概念的基础上完成的。关于如何利用该模式的问题，我将列出几个要点。可以说这是复习本书内容的最恰当的要点。但是，现在我想介绍给大家的是要点之前的部分——邂逅的深层背景。

××公司
董事长 社长
×××先生／女士

2006年10月27日

英国大使馆、英国大使出席
与《高效能人士的七个习惯》的作者史蒂芬·柯维齐名的知识巨匠
思维导图的创始者托尼·巴赞
在日本举办宴会

首先通过提供
可信度满足爬
行动物脑

放眼十年后的日本，恭候热心于下一代教育的企业经营者、
部门经理人的光临。

（达到120%满
意的对象）

这次有特别的通知，所以和您联系。

与《高效能人士的七个习惯》的作者史蒂芬·柯维齐名的知识巨匠
托尼·巴赞将来到日本，并于11月21日（星期一）在英国大使馆举办以
教育人士、政府有关人士以及企业领导为主要对象的宴会。

吸引注意力，
满足古哺乳
动物脑

托尼·巴赞先生是英国广播协会制作特辑节目的教育界知名人士。
托尼·巴赞先生与马哈迪首相为代表的国家首脑相交甚好，在墨西
哥建立了世界第一个巴赞学校。这次，他开始在日本演讲。中国为了使
人民在奥运会开幕前掌握英语，已经开始使用思维导图作为工具。

提示与世界
水平的人脉
进行交流的
"未来"

30多年前开发的思维导图，现在已经在全世界拥有两亿五千万多个
用户。它对于大脑是一种自然的信息处理方式，尤其是一种引发企划能力、
创造力和表现能力的划时代方法论。在日本，通过使用思维导图，日本
女子篮球队在亚特兰大奥运会上进入了世界八强而闻名，它是一个在停
滞的思考上打开突破口、产生显著效果的工具。

提供安心感。
满足爬行动物
脑

本活动不是用来推销企业研修的活动。

296

当然，因为GM、迪士尼、BP、IBM等著名国际企业在研修中都采用了思维导图，所以思维导图被公认为划时代的商业工具。但是，它的影响绝不是仅仅停留在对于商业有帮助的工具。我们的目的是把思维导图——在未来创造竞争力的时代——必需的智能、功能送给孩子。思维导图能够快速地拓展孩子们的可能性。之前认为自己不擅长学习的孩子们一旦开始学习思维导图，就会开始快乐地谈论学习了。

因此，来日活动的目的就是创造企业人在教育方面发挥领导作用的契机。日本企业不仅应停留在利益的追求方面，在教育方面难道不也能发挥领导作用吗？而且这对于企业品牌的确立不也是一个重要的契机吗？如果企业领导有这种想法的话，请务必参加本次活动。

提示邂逅的"深层背景"

记

我相信本次活动一定会成为关心下一代教育的企业家齐聚一堂的宝贵契机，恭候您的光临。

对教育没有兴趣的企业家呢？

巴赞·世界·日本株式会社
董事长

神田昌典

对于"未来"的支持

追加·由于场地的限制，本次参加者人数为80名，所以按报名先后顺序参加。特此通知。我们会为出席者寄送《The Mindmap》作为参加用书。

那就是用方框圈起来的部分，虽然只有一两行，但是有或是没有，差别很大。

如果没有这些文字，这封信就变成了普通的"请参加活动"的邀请函了。因为活动上托尼·巴赞会做演讲，所以领会到此信息才是参加的价值所在。也就是说，抽出宝贵时间的代价，和能够聆听到世界级演讲家的演讲，形成了这种互相让步的关系。企业收到这类邀请函的反应是很明显的，开始拼命寻找某些理由来推却。况且最典型的反应是，当收到没有任何关系的单位寄来的邀请函时，甚至都没有必要回函。

可是，由于加入了启发邂逅的深层背景的内容，所以这次活动的邀请函开始具有了根本不同的意义。我推测认为80位企业领导参加的背景中存在"为了给未来的儿童提供最适合的教育，经济界为教育界做出什么贡献，创造从全球角度考虑的契机"。关于如何推测这些看不见的背景，我将会在后文提及，但是如果这种推测正确的话，那么与这种场合、时间相匹配的适当规模的人才就会聚集过来。

对于收信人来说，邂逅的深层背景如果与自己人生的方向性产生共振，就会受到吸引去参加活动。并且，在繁忙的日程表中，偶然那一天会空下来。当然缜密地调查后也会发现，时间空闲的概率哪天都是差不多的，但是当人们找到对于自己成长具有某种意义的事情时，由于在意识中突然出现了之前没有接触到的东西，所以就会认为这一天是偶尔空闲下来的。这种共时性会成为人们驻足会场的诱因。

主办方通过发送包含邂逅的深层背景的信件，已经实现了大半的目的。因为，只要"英国的教育学家认真地考虑日本的教育，特意从英国赶到了日本"这一事实扫过拥有影响力的人的头脑，就会产生充分的社会影响力，而且80名领导参加活动之前几百名职员已经接触到了邂逅的深层背景，与之产生了共鸣，并为了活动的举办上下进行沟通。实际上，挑选出传真的一位已为人母的女职员还曾联系过我说："我既不是经营者也不是干部，但是因为邮件内容使我深受感动，所以请允许我去参加此次活动。"

顾客不是被聚集起来的，而是发现自己需要的场合自然地聚集过来的——描述这一概念的"邂逅的深层背景"是否真正存在，在现阶段谁都不敢确定。但是，有一个可以确定的是，在邂逅的深层背景存在的前提下组织商业时，不仅仅单纯追求结果的完美，而是即使在过程中也要对商业进行高瞻远瞩。同时，召唤聚集的声音在看不见的地方反复回响，创造出超过预想的邂逅。

事实上，这封信已经是几年前写的了，现在思维导图在教育界已经成了一种变革。全日本超过一千名的小学教师聚集一堂研究学习思维导图。在教育第一线，热衷于此的教师开始在课堂中使用思维导图进行高效的授课。通过实际体验已证明思维导图能够在短时间内提高总结能力和阅读能力，"思维导图测定"不久将会在小学生中展开，引发令人难以相信的、快速的，而又不至于激进的变化。

当然邂逅的深层背景不是简单的技术。也就是说，并不是只要在文章中单纯加入邂逅的深层背景，就能够提高反馈率，事业就会进入到良性循环中。相反，如果只把它当作一种技术，反而会产生反作用。

最肤浅的误解是，模仿这里列举的案例的要点，期待能够获得相同的效果。但是很遗憾，越是接近本质就越有必要保持自己的正直性。即使用语言来修缮内心从未思考过的东西，顾客也会非常简单地揭穿自己的谎言。

注意这一点的同时，认真理解邂逅的深层背景意义的本质，以真挚谦虚的态度来展开事业，以此概念为基础进行构思不但有利于知识社会的商业发展，而且它也是让各种公共事业、非营利性事业走上轨道的有效方法。

不参加也存在其理由

对于顾客来说，邂逅的深层背景并不仅仅是用于考虑合适信息而使用的概念。使用邂逅的深层背景这一新型过滤器眺望人们相聚的那一瞬间，我们能够推测出什么才是在此诞生的事业获得成功的关键。

例如，通常在促销活动结束后顾客数量不够多的情况下，我们能够判断出这是由于促销活动的方法不对或是努力不够。但是，如果以邂逅的深层背景这个概念为前提，就会发现其中缺乏销售员与足够数量顾客邂逅的必然性，其结果会成为发掘更加本质的解决方法的契机。

下面用具体的事例来进行解释。

有一个会计事务所的客户找我商谈。据介绍说他们为了展开新领域的服务，将会在下周开始召开说明会，但是参加的客源却不够。他们虽然已经把参加的人数缩减到30人，但是现在却只有6人报名参加。他们希望能够把这些空缺的座位补满。

当然通过市场营销策略，是可以把客人拉进去的，但是之前也讨论过这个问题。我们有必要认为，顾客不来不是营业活动不充分的问题，碰巧只有6位顾客参加说明邂逅的深层背景存在于此。

因此我问："如果来了30位客人，你们想怎么办？"

听到我的提问，客户恍然大悟后面露难色地说：实际上如果这次满席的话，因为是第一次召开说明会，所以可能会保证不了说明会的质量。但是，现在已经定下了30人的会场，如果取消预约会产生违约金，所以希望多招揽一些听众。

我当时的建议是，不如重视这6位参加者，把这次当作从参加者那里获得新事业反馈信息的好机会。如果以邂逅的深层背景为前提，在那里邂逅的人们无意识地缔结了彼此支持相互的成长的契约，即参加者不但从客户（会计事务所）那里得到了信息，而且也为客户提供了信息，他们同时也获得了成长。

客户的方针确定了。利用参加人数少的优势，与这6位参加者分别进行充分的沟通，同时注意完善新事业的内容。最终，与这6名参加者构筑了超越表面商业关系的良好人际关系，并且请他们推荐新型服务，从下次召开的说明会开始参加人数不断增加。

从"顾客目标""包围顾客"这些被当作理所应当的词语中

我们能够看到，在商业中顾客完全被看成猎物了。在竞争战略的事业下，过去把顾客当作目标，顾客成为对手企业包围的对象。但是，这个常识在现阶段仍然适用吗？

知识型社会中的市场营销最重要的是，如何与能够实现自己理想的合适顾客在合适的时机下邂逅这一问题。也就是说，顾客不是消费企业提供商品的对象，而是为了实现彼此的成长，在新价值观基础上创造出的合作者——不是单纯的措辞问题，而是是否能够真正地切换到这种新范例的问题。它不通过营业技巧来控制市场份额，而是能够建立即使不进行营销顾客也会自然地聚拢而来的事业的分水岭。

辨别深层背景：为什么只有6位参加者

虽然它很有效果，但是如何才能找到难以把握的邂逅的深层背景呢？

首先需要注意的是，前面文章中有意识加了底色的地方（第296～297）。

因为碰巧使用的是英国大使馆内的会场（第294页）。

碰巧只有6位参加者（第301页）。

我们要关注的不是刻意而为的事情，而是无意中发生的事情。把偶然考虑成必然时，我们要想象为什么它会变成必然。

例如刚才提到举办的活动，应该有与此身份相符的客人参加。

· 在大使馆内召开的活动应该邀请与此身份相符合的客人。

· 已经准备好了供80位客人参加的足够空间。在那里素不相识的80位客人聚集一堂。如果这些客人的邂逅不是偶然而是必然的话，那么该场合应该存在某些意义。这些意义指的是什么？

· 托尼·巴赞作为教育领域的领军人物参加此次活动，参加者应该对教育的哪些方面感兴趣呢？

· 而且，舞台设定在英国大使馆，这不仅仅只限定于日本国内教育，肯定会成为经济界人士思考世界层次新教育的平台。

从这80位参加者理所应当参加的未来进行推测，如果存在吸引80名参加者的背景，那么就要不断询问那是什么。那时，每当你用"按规定是……""应该是……""肯定是……"来进行回答，就能够更加明确地感受到未来，所以邂逅的深层背景就会更容易地浮现出来。

会计事务所的说明会举办的场地因为是有目的性地决定的，所以6位参加者则充满了偶然性。然后，推测这6位参加者意味着什么。我实际考虑的过程是这样的。

· 客户书写的邀请函绝对不能说不好。推出的新型服务的介绍和顾客的利益都很明确。

· 尽管如此还是没有人参加，可能说明不参加本身具有某种含义。那是什么含义呢？

· 以我的经验来看，开始展开新事业时，很多都是从最初的

6个客户，或者6个职员开始的。[1]

· 因此，与其说这6名参加者是顾客，不如说他们是助新事业一臂之力的支持者更合适。

通过想象必然性地吸引偶然的背景是什么，可以从更高更开阔的视野来审视之前的情况，最终将会看到背景。

用拼图玩具来比喻的话可能更容易理解。

注：　① 虽然有些跑题，但我还是简单说一下，在我和客户一起着手开展各种新事业的过程中，开始新工作时，对自然聚拢过来的参加人数进行观察后发现，很多情况下都是6人。这个说法虽然未免太过拘泥于经验，有些调侃，但是我们还是把这种现象称为"六人法则"。例如，著名的武术家刚开始召集不到徒弟的情况下，准备了习武场和毛笔写的招牌，然后自己一个人练习武功，慢慢地来拜访的人由原来的一个两个增加到了最后的6人，这6个人成了开门弟子。一个幼儿园的老师，在深山开办了一所进行理想教育的幼儿园。在当地发放了手写的宣传材料。一开始没有学生，后来有一两个学生听说这个学校后，开始在这里学习。开办幼儿园后几个月，招收到了6名学生。我推测故事的主要出场人物也是与6人有关。《七武士》就是一个代表。顺便提一下，如果迎接开始的是6个人的话，那么最后送别的也会是6个人。有一次我去参加一个葬礼，会场的负责人说："下面开始出殡，请6位帮一下忙。"也就是说，抬棺材的必要人数也是6人。

一块块拼图——如果不知道它们会拼成一幅图——只是单纯的没有意义的纸片。但是，一旦想到一片拼图在一幅大图画中是带有意义的，立足点就会变高，视野就会开阔，开始眺望周围的一片。然后，原本没有意义的拼图之间会连接起来，整个图画就会浮现出来。

如果能够想象出一整幅图画，就会很容易寻找到之前看不到的拼图。回到活动的例子上，如果能够看到"经济界开始思考为教育界做些什么的契机"这个背景的话，组成这一背景的其他要素也变得更容易寻找了。

为参加者提供什么样的信息呢？为此应该以怎样的顺序讲些什么呢？到场之前应该传达哪些信息？到场之后应该观察些什么等等。

准备巡讲的具体方向也全都显露出来。这与组装拼图的程序如出一辙。某种程度上，看到整体印象之前组装的话，能够分出必要的拼图。进而，原本没有意义的拼图变得有意义了，没有联系的拼图也迅速地被连接在了一起。

当然，通过这些发现，邂逅的深层背景毕竟是从想象出发的，不是正确答案，但是同时也不是错误答案。

邂逅的深层背景拥有的真正价值不在于去追究背景具体是什么，而在于探寻答案的过程。从而，视角得以放大，视野获得开阔，你所拥有的世界观更加宽广。

如何让大多数人Happy?

如上所述，利用偶然虽然能够推出邂逅的深层背景，但是一旦使深层背景印象化，我们就把握了整体形象。所以即使对于他人来说没有任何意义的细微事情，我们都能理解它的意义。

为了掌握这种洞察力，一定要了解图8-1。

第5章中提到了一个故事的结构，以前只有主人公描绘的轨迹，现在同时描绘了几个轨迹。其原因是，通过故事获得成长的不仅仅是主人公，而是所有的出场人物。尤其是故事情节越好，出场人物之间越是在各个场合互相交织、发生纠葛、克服困难，

多个出场人物相互交织，同时获得成长

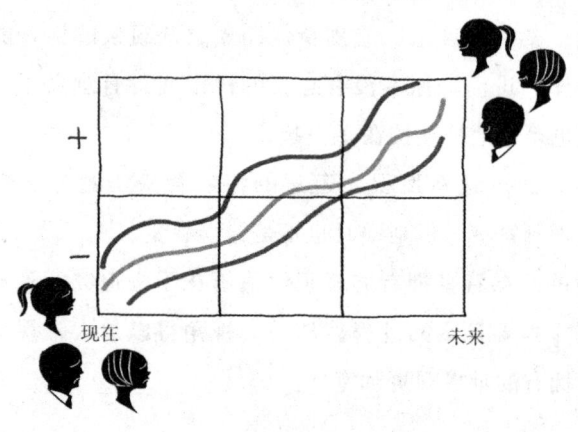

图8-1　邂逅的深层背景

306

在闭幕前所有的人都获得了成长，改变成一个新的自己。多个出场人物的交织，即使观众没能从主人公身上找到与自己重合的地方，也能够从其他的出场人物身上找到重合部分，所以能够投入到剧情中。

《Shall We Dance》是学习多轨型故事结构的最适合的电影。这部电影是周防正行导演于1996年制作的以舞蹈学习班为舞台的喜剧。2004年，在好莱坞重拍（理查·基尔主演），受到全世界的追捧。下面介绍一下故事内容吧。

> 主人公杉山是一个认真、没有什么特别爱好的会计。某天，他在下班坐车回家的路上和往常一样茫然地望着窗外时发现了一个舞蹈学习班，队伍中有一位看起来孤寂漂亮的女性舞。为了能够与舞搭上话，杉山瞒着家人偷偷地开始去舞蹈班学习跳舞。但是由于杉山舞蹈跳得不好，所以无法和舞搭话。
>
> 有一天他偶然发现因秃头而自卑的公司同事青木在同一个舞蹈班学习。杉山受到热衷于舞蹈的青木和寡妇舞伴丰子的影响，逐渐地对舞蹈产生了热情。
>
> 杉山妻子昌子觉察到丈夫行动诡异，怀疑有第三者，雇用了一个侦探。侦探对努力学习舞蹈的杉山很有好感，在杉山出场的舞蹈大会上安排他的妻子和女儿前来观看。最终杉山和丰子出场的时候，意想不到的事情发生了……

仅仅十几行字，顺着故事情节，你就会发现故事以杉山主人公为中心，所有的出场人物都巧妙地联系在一起。所有人都有不安和混乱等纠葛，但是克服这些困难，最后和主人公一道成长，每个人都到达了新世界，获得了新生。

了解这个故事的结构，对现实有三点帮助。②

首先，与故事一样，在成功的事业模式中，共享邂逅的深层背景的人都来描绘曲线，最终大家会到达同一终点。这是因为，如果深入了解聚集到邂逅的深层背景的某个人能描绘出到达Happy的轨迹，那么使其他的大多数人Happy的轨迹就更容易描绘出来。

假设你沿着全脑思考模式来考虑提高公司业绩的方法。但是不知道让谁Happy最好。公司里有太多的事业部，相互之间的利害关系经常发生冲突。因为你在中间部门，所以即使让你描绘出未来的顾客，你也想象不出来。

这种状况下，只要从考虑让自己Happy开始就可以了。首先考虑取悦自己，如果在同等情况下能够取悦顾客，通过询问情况就可以扩大自己的想法了。只要开始看到取悦自己的轨道，就更

注：　②可能会有很多读者认为，故事和现实重合的地方混淆了虚构与非虚构的不同。其实，故事和现实的联系比想象更要加紧密。仔细观察后会发现，不仅第5章中介绍的项目管理，包括事业成长的S曲线、称为艾略特曲线的股市变动类型在内的所有现实类型，都惊人地和故事的结构相似。我被这种类似性深深吸引住，写下了接近未来的娱乐小说《金钱与正义》。同时总结了题为"与物语共鸣的现实"的文章作为它的解说文。希望对此有更深入了解的读者一定要阅读一下。《金钱与正义》（上·下）

容易看到取悦周围同事、有关人员以及顾客的轨道了。

这同把你走过的路告诉其他人一样轻松。也就是说，自己的视角、顾客的视角，甚至偶尔从第三者的视角出发，都可以深化思考。

其次，现实中有用的东西指的不是消极地把项目开展过程中的不安和纠葛当作负面的因素，而是去积极地接受它。换而言之，就是要以不安和纠葛为契机，把消极的能量转化成实现成长的积极能量。

例如，再次回到《Shall We Dance》，杉山在失去生活意义的时候，以偶遇美丽的舞蹈教师这一偶然事件为契机，恢复了对于工作和家庭以外的人生热情。青木跳舞时假发掉到了地板上，他把这一突发事件当作契机，毅然从秃头的自卑中摆脱出来，获得了新生，跳出了动人的拉丁舞。

正是这样不安、受伤、纠葛的瞬间转化成了成长的最佳良机。如果没有这些消极因素，即使项目在推进，也只是在之前的延长线上达成目标而已。那样只能在自己能够想象得到的实力和能力范围内，产生直线型的未来。

当然，这种顺利拓展未来的方式也是人们求之不得的。但是，现实是不同的。不出现消极的因素首先是不可能的。

我们因怀疑是否能够跨越困难而陷入不安，因缺乏实力而被打垮，不断探索跨越障碍。正因为这些纠葛才体会到自己实力的界限与可能性，然后结合现实提高实力，修改目标。通过这一过程，会浮现出当初没有想到的本质主题和真正的自我。

第5章中介绍的足球名将即使在比赛中出现了意外的麻烦，也会去思考为什么这个麻烦对于胜利来说是必要的，那和选手的成长是什么关系？怎样才能走向令人感动的终场？

麻烦只不过是加速成长的契机而已，所有的麻烦都具有意义。不是因为描绘出大型邂逅的深层背景，胜败才具有了意义，它的意义在于队员作为一个成熟的人得以成长。在那里聚集了希望共同分享成长共同分享感动的人群，很自然地开始进行支持。

边缘人物引发的商业运动

现实中有用的第三点是，一般容易被忽视的边缘人物——远离中心人群的一类人——把这些人纳入到考虑的对象中来，能够扩大想象的世界观。通常的商业，除了主要目标顾客外，其他人很难成为考虑的对象。但通过描绘具有复数轨道的全脑思考模式的图表，能够积极考虑边缘人物的方式，获得与改革息息相关的高视角、广阔视野的构思。

从《Shall We Dance》中举出边缘人物存在的例子，可以说是那个侦探。侦探和杉山妻子以外的出场人物基本没有接触。很明显，他是和其他的出场人物以不同的视角加入到故事中的，物理位置上也总是站在远处。但是，处于这种境界的人物在电影的高潮部分发挥了重要作用。侦探为了修复杉山与妻子的关系，告诉杉山的妻子和女儿杉山参加舞蹈大赛，然后自己本人也去了现场。最终结果是让故事向意想不到的方向发展下去。

我如此重视边缘人物的存在是因为，即使在现实世界中，边缘人物也对事物发展带来了重大影响。根据我对于市场营销方面的观察来看，引发变革时，边缘人物在很多场合中都起到了契机作用。

有一个电影导演叫松井久子。松井导演在1997年制作了一部以边缘人物为题材的电影《幸惠》。虽说是他的处女作，但是这部电影吸引了全日本100万的观众前往观看，使她成为一个引起了很大轰动的导演。当时，松井导演还是个无名小辈，而且在日本电影界是非常少有的女性导演，所以电影公司犹豫是否把该影片出租给电影院。当时该影片仅在业界有关人士之间举行了试映会，反响也不容乐观。

但是，在试映现场，一位女性观众站起来了。她一边流着眼泪，一边讲述"我的婆婆有老年性痴呆病""护理照料的辛苦谁都理解不了"，最后激动地说"这个电影真的太感人了"。电影租赁公司的负责人被这位女士的话深深打动了，决定在全国电影院放送《幸惠》。后来才知道，这位女士是偶然混入会场的一位普通家庭妇女。

《幸惠》在普通电影院放映结束后，以深受感动的观众为中心，全国各地都开始召开自主放映会。最终它成为感动了100多万名观众的热门电影。

与其说这一运动是有意图地发起的，不如说是由于无意识因素的加入而发生的。边缘人物成了这场运动的诱因。

这对于开阔商业构想来说也是一个非常行之有效的方法。即把原本不应该存在的元素考虑进去。例如，全脑思考模式中，从让一个顾客Happy开始设想，但是如果没有出现足够的构思，思考就停滞在这一阶段了。此时，商品即是与想象对立的、不可能的顾客。设想出最不可能购买的顾客，随之，一定会诞生成为突破口的想法。

举例来说。CS电视台有个企划，让我做主持人，制作一个电视采访节目。目标人群是30岁到40岁的商人。电视台的方针是制作面向成人的知识性节目，所以宗旨是邀请畅销书作者来做嘉宾完成节目制作。

我与制片组工作人员迅速进行了商谈。但是，第一次讨论的气氛非常沉闷。因为全是专业人员，所以如果单纯做采访节目，就根本不必进行讨论了。因此我进行了思考。如果存在邂逅的深层背景——即如果以实现彼此成长为目的邂逅的话——其中应该存在能够使专业制片负责人获得成长的企划。

因此，我提出了把节目变成一个运动的大胆主张，在观众对象人群中加入了边缘人群。也就是说，如果商业丛书读者是目标人群的话，那么我想让与之相对立的人群也坐在电视机前来收看我的节目。

具体来讲，我的节目需要使背着书包的小学三年级女学生变得Happy。怎样才能够制作出儿童都能喜欢的商业节目，我为此绞尽了脑汁。在运用全脑思考模式讨论后，我想到的是自己小时候，NHK播放的《工作的老爷爷》的现代版。

以前，把自己的未来梦想套用到"消防员""棒球运动员""飞行员"等众所周知的职业上是非常自然的事情。但是，最近出现了"生育顾问""声音商标师""社会创业者"等新职业。的确是有多少人就有多少种职业。因此，我考虑制作聚焦在这些创作新职业的人身上的节目。

节目的主题是《工作的朝气》。制片工作人员的兴致达到了最高潮。虽然没有达到之前主张的"把节目变成一个运动"的程度，但是放映期间，节目获得了高收视率，节目内容也受到了电视台方面的极高评价。

浮现不出异类是因为，在目前思考框架范围内没有解决问题的措施。因此如果设定了异类扩大框架，就会遇到使所有相关的要素都能够获得成长的令人激动的想法。

通过设定异类，用图表来表示扩大的思考框架，如图8-2。

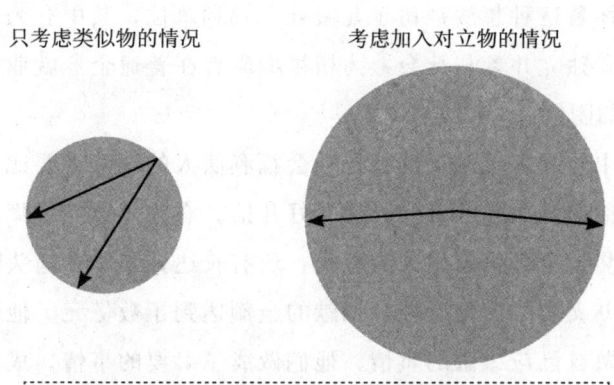

只考虑类似物的情况

考虑加入对立物的情况

只考虑类似物的情况（左图）的世界观很狭小，但是相对来说，包括大局概念的情况（右图）的世界观变大，能够创造更大的市场。

图8-2 加入边缘人物扩大思考范围

加入边缘人物来获得更高的视角和更广阔视野的结果是，能够描绘出更宽广的世界观。最终在未来会真正出现更加广阔的世界。

当这种机制不只套用在一个企划或事业中，而是套用到整个社会上时，会出现什么状况呢？

如果说在社会中脱离主流的人，我们可以想象出几种不同的人。他们不是健全者而是残障人士，不是年富力强的商务人士而是躲在家里的初高中生，不是日本人而是外国人，不是异性恋者而是同性恋者。

这样，通过高瞻远瞩以迄今非主流的存在为中心，思考的框架会拓宽，以前没有想到的事情会生成令人感到不可思议的简单而有效的解决办法。

我怀着这种想法拜访了几家社会福利单位，其中有为支持智能障碍者独立并参与社会，为精神障碍者在普通企业就业提供就业培训的团体。

其中使我深受触动的是，社会福利法人的经营者要比一般商业中被称为知名经营者的人优秀好几倍。有为了设立残障者工作间，把奖金全部捐献出来的教师；还有长达几年站在街头呼吁募捐，举办义卖的白领女性。捐献的金额达到了数亿元。他们不畏艰难，做自己应该做的事情，他们做成了必要的事情，成了充满想象力和实践力的极具魅力的人。

残障者的平均收入是月1万日元（约800元）左右，但是，为了能够使他们的月收入达到5万日元（约4000元）、7万日元（约

5800元），经营者做了巨大努力。这相当于普通企业的总经理发给新职员150万日元（约12.3万元）、200万日元（约16.4万元）元的工资。坦率地讲，处于不景气处境下的普通商业安于现状，这使我感到深受打击。

边缘人物是构思的源泉。同时，他们也衍生出惊人的实践能力。

我们为什么会遗忘他们这么久呢？

考虑到整体社会的成长，为了从停滞中摆脱出来，积极地把之前被排斥到边缘的人加入进来，这会成为企业的出路。只有接受了边缘人物才能超越过去，而且能够从现在开始创造出与未来直接连接的企业发展模式。

❖ ❖ ❖

前文在介绍邂逅的深层背景概念的同时，探索了应用于现实的方法。从中我们发现，自然聚集到这个背景中的人们互相产生联系，跨越了不安和纠葛，同时获得了成长。

如果多层面地审视现实，那么你在一般人眼里就是一个预言家。因为，你能从周围发生的小片段中读出整体的大主题。其结果是，你能够准确地表达出偶发事件的意义、人物作用，能够准确地按照总统的指示表现出那一瞬间。

使用全脑思考模式描绘多个人物轨迹，去思考背景中存在什么，思考层次将会快速得到深化。只存在于自己能够看见的范围内的视角（第1层次）开始向能够客观审视自己的位置转移（第

2层次）。通过提高与顾客的共鸣，能够从顾客的视角看到自己（第3层次）。进而，通过思考你周围所有人的成长，使人与人之间的界线变得模糊，一切都达到了融合（第4层次）。

如果彻底明白了邂逅的深层背景，你最终将感到与新世界相连。还有，创造新世界的问题"自己到底是什么"。也就是说，全脑思考模式的一系列过程是引起社会变革的思考过程的U型理论。

您与本书邂逅的深层背景

大家进行了300多页的知识的探索之旅。最终，我们来到最后的问题面前。即我和你通过本书邂逅的深层背景是什么？

你可能因为本书的内容对工作有帮助，才在书店买这本书。另一方面，我为了从你那里获得52元的对等价值的交易，写下了这本书。但是，这归根到底只不过是实现邂逅的借口。这其中应该还存在着一些我们没有意识到的更深刻的原因。

当初开始写这本书时，我把书定位为一本可以让人轻松掌握，薄薄的但反响不错的书。在当今远离活字的时代，这样更畅销，而且不需要花费太多时间和劳力。这是一种高效率的工作方式。

但是，我实际动手开始写它才发现，我被自己天真的想法背叛了。如果想要详细地解释一件事情，就要再增加几个必须要说明的内容。为了使读者不至于混乱，必须要把本应该写成几本书的各种各样的知识进行整理，以在日常工作中能够使用到这些知识的形式把知识记录下来。最终，我把这十年来从事市场营销工作的所有精华写成了文字。

从这个意义上讲，本书对于我来说是十年的总结，也是面向下一个十年表明决心的书籍。

那么，这本书对于你来说有什么意义呢？对于彼此各有什么意义呢？

前文也提到了，邂逅的深层背景中既没有正确答案也没有错误答案。将来，我们都会成长成为新的自我，再次邂逅时，可能就能够表现出邂逅的那一瞬间的意义。

不过，可以确定一点，那就是如我为世界提供这本书一样，你也有可以提供给世界东西。那可能是人们看上去能够很愉悦地动手的东西，也可能是一旦开始行动，就深陷入其中，想摆脱出来的时候，需要下定决心去面对新的自我的东西。但是，事情会如何发展？如果你体会到了邂逅的意义，那么你努力做的工作就将和我应该做的工作连接起来，形成一幅巨大的图画。

最后，我有个请求。

我们同乘的这条知识蟹工船正在驶向人类目前从未看到过的充满希望的新世界。由于社会发生着激烈的变化，这趟旅程绝不轻松。

但是，并不是说一艘被挑选出来的航船到达新世界就可以了，而是所有的航船必须要同时到达目的地。那时，也许接连不断的暴风雨和当头的烈日等所有的困难都会袭击而来。为了能够使这种快速的变化产生的牺牲控制在最小范围，我希望已经从本书中获得了所有知识的读者能够成为领导周围人们的优秀掌舵者。

虽然现在惊涛骇浪，但是这样的局面决不会永远持续下去的。在未来，可能每个人都会再次返回到自己原来的场所，同时也是与新的自我相聚的场所。

但是遗憾的是，我的希望无法用语言传达，只能通过行动传达。你应该做的事情就是通过眼前的工作，向你本人以及周围的人们传达爱意。

作为收益第一的商业用书的结论，是不是有些太感性了？但是，和之前考察的一样，如果只关注结果，成长的原理就太过于单纯。是否能够使顾客Happy，同时是否能够使自己也Happy，才是本书的目的。

向着这个目标，深化思考，展开讨论，集结睿智，迈出行动的一步，这才是优秀的个人。或者能够成为传说的企业在某时期必须实施的思考形态、行动方法。

如果这种方法扎根于日本、亚洲乃至世界富有创造力的企业的经营团队，甚至职员的思想习惯中，那将会出现什么结果？

我想象不到，但是如果硬要想象一下，我预感资本主义和人类都将会进入到一个新的阶段。